Dr.Kwon의
한국어 기본 문법

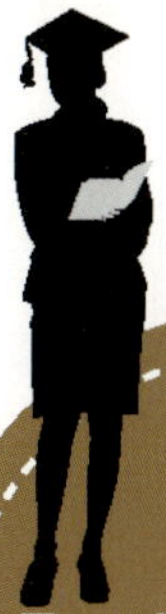

Dr.Kwon의

한국어 기본 문법

Basic Korean Grammar

권성미 지음

감수 **구본관** 서울대 국어교육과 교수

도서출판 박이정

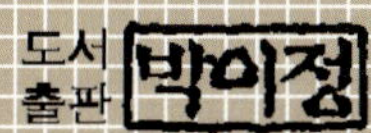

　최근의 외국어 문법 교육 경향은 수업 시간 중에 문법을 직접적으로 설명하는 것은 지양하는 추세이다. 교사가 문법을 직접적으로 설명할 경우에, 학생들이 정확하게 말하는 것에 신경을 쓰게 돼서 발화량이 줄 수도 있고, 문법 용어를 이해하는 것 자체가 힘들 수 있기 때문이다. 그래서 문법을 가르칠 때, 문법의 의미나 활용 방법을 적절한 맥락을 활용해 간접적으로 설명을 한다. 유창한 학습자를 길러 낸다는 차원에서 이러한 교수 방식은 일리가 있다.

　하지만 교사가 문법을 간접적으로 설명하는 경우에, 모호함을 참지 못하고 답답해하는 학생들도 많다. 게다가 영어 같은 외국어를 배울 때는 모국어로 기본적인 학습이 어느 정도 이루어진 후에 원어민 교사에게 수업을 받게 되는 경우가 많은 데, 반면 한국어는 그렇지 않은 경우가 많다. 말하자면 한국어 수업에는 한글부터 시작하는 '진짜 초급자(true beginner)'가 대다수인 것이다. 이런 '진짜 초급자들'에게 교사가 한국어로 설명하는 문법은 이해하기 쉽지 않을 것이다.

　이 책은 학습자들이 한국어로 진행되는 수업에서 놓친 것들을 보충 설명해 주는 책이라고 할 수 있다. 명시적으로 문법을 설명하되 학습자의 모어로 제시하여, 초급 학습자는 물론 이전에 배운 것에 대해 명확히 정리하고자 하는 중·고급 학습자들에게도 도움이 될 수 있는 책이다.

　이 책은 학습자에게는 자습서 역할을 할 것이다. 그리고 한국어 교사들에게는 문법사전을 보충하는 역할을 할 것이다. 이 책의 예문들 중에는 저자가 실제로 수업 시간에 사용한 적이 있는 것들이 많아서, 문법 항목을 설명할 때 사용할 만한 적절한 예문을 찾는 교사들에게 도움이 될 것이라고 믿는다. 그리고 초보 교사들에게는 어떤 부분에서 학생의 질문이 나올지를 예측하는 데도 도움이 될 것이다.

　이 책을 완성하기까지 많은 분들의 도움이 있었다. 기획 과정에서 아이디어를 더해 준 시립대 제자들, 즐겁게 삽화 작업을 해 준 양수팅 양, 거친 원고를 읽고 조언해 준 이정연 선생님, 귀한 시간 내시어 부족한 원고를 읽어 주신 구본관 선생님과 박이정의 편집부 선생님들께도 감사드리고 싶다. 그리고 부족한 사람에게 언제나 좋은 분들을 보내시어 힘을 더해 주시는 하나님께 감사드린다.

권 성 미

이 책의 각 단원에서는 각 문법 항목이 어떤 의미를 갖는지와 어떤 상황에서 사용되는지 설명하고, 활용 규칙을 제시하고 있다. 그리고 저자의 오랜 교수 경험을 바탕으로 학생들이 자주 일으키는 오류를 〈주의하세요!〉 코너에서 다루고 있다. 또, 다른 문법과 혼동하기 쉬운 것을 〈비교 문법〉 코너에서 다룬다.

코너별 활용 포인트를 참고하면서 꾸준히 공부해서, 한국어 문법에 대해 자신감을 가져 보자!

의미

의미 코너에서는 문법 항목의 의미를 소개하고, 적절한 상황 속에서 예문들을 제시하고 있다. 해당 문법의 의미는 물론 어떠한 상황에서 사용하는지를 이해하고 넘어 가도록 하자!

형태

형태 코너에서는 문법이 형태적으로 어떻게 변화하는지 제시하고 있다. 규칙과 관련된 것은 쓰면서 기억하는 것도 좋지만, 여러 번 소리 내어 읽으면서 암기하도록 하자!

관련 문법

지금 배우고 있는 문법과 관련이 있는 문법을 제시하는 코너이다. 혼동이 되거나 비교를 하고 싶을 때는 표시된 장을 찾아보도록 하자!

비교 문법

학습자가 혼동하기 쉬운 관련 문법을 소개하고, 관련 문법이 지금 공부하는 문법과 어떻게 다른지를 설명하는 코너이다. 의미·형태·통사 측면에서 어떤 차이가 있는지 꼼꼼히 익혀 두도록 하자!

주의하세요!

학생들이 틀리기 쉬운 부분에 대해 주의시키는 코너이다. 학생들에게서 빈번하게 관찰되는 오류들을 바탕으로 설명한 것이다. 언어권에 관계없이 누구나 실수하기 쉬운 부분들이므로, 꼭 확인하도록 하자!

연습

배운 내용을 얼마나 이해하였는지 점검하는 코너이다. 연습 문제 정답은 부록에 있다. 연습 코너에서 형태 변형 규칙도 다시 한 번 점검하고, 연습 문제 예문을 통해 해당 문법이 실제적으로 어떤 식으로 활용되는지도 익히도록 하자! 연습 문제 예문들은 회화에 활용하기 좋은 것들이므로, 여러 번 소리 내어 읽어서 머릿속에 오래 남게 하자!

Contents

목 차

Contents

더 배워 봅시다

문법 용어와 친해지기

〈Dr. Kwon의 한국어 기본 문법〉에 나오는 문법 설명을 이해하기 위해서는 기본적인 문법 용어들 몇 가지를 알아 두는 것이 좋다. 용어들이 뭘 가리키는지를 알면 〈Dr. Kwon의 한국어 기본 문법〉을 사용하는 데도 도움이 되고, 한국어 수업시간에 선생님의 설명을 이해하는 데도 도움이 될 것이다.

Q1 '음절'이 무엇입니까?

음절은 안정된 발음을 할 수 있는 가장 작은 소리 단위이다. 한글의 글자와 한국어 음절은 다음과 같은 네 가지 구성을 가질 수 있다. (한국어는 고유한 문자인 한글을 사용하는데 자모를 음절로 모아서 적기 때문에 음절 수와 글자 수가 같다.)

- 모음: 아, 우, 왜
- 모음+자음: 악, 옹, 원
- 자음+모음: 가, 짜, 배
- 자음+모음+자음: 밥, 강, 뭔

연습 1 음절이 몇 개입니까?

1. 학교: __2__ 개
2. 한국 사람: _______ 개
3. 마이클: _______ 개
4. 저는 중국 사람입니다.: _______ 개
5. 저는 불고기를 좋아합니다.: _______ 개

연습 2 마지막 음절에 ○표하십시오.

1. 불고기
2. 책가방
3. 책
4. 학교
5. 한국 사람
6. 쌀

Q2 '받침'이 무엇입니까?

받침은 모음 아래에 받쳐 쓰는 글자를 말한다. 모든 받침은 자음이다.

밥 잠 빵 술

→ 받침: ㅂ ㅁ ㅇ ㄹ

cf) 가, 구, 차, 교: 모두 받침이 없다.

연습 1 받침이 있는 것을 찾으십시오. 그리고 받침에 O표 하십시오.

쌀	강	차	뱀	무	종	책	빵
웨	옷	돈	밥	국	과	귀	할

→ 받침이 있는 것: 쌀 _______________________________

→ 받침이 없는 것: 차 _______________________________

연습 2 마지막 음절에 받침이 있는 단어를 찾으십시오.

가방	학교	불고기	한국	책상	읽다	언니	오빠	한국어	교실

→ 가방, _______________________________

Q3 '주어', '목적어', '서술어'가 무엇입니까?

- **주어**: 문장에서 동작이나 상태의 주체가 되는 말. '무엇이(누가)'에 해당하는 것.

  <u>민호가</u> 빵을 먹습니다.
  <u>꽃이</u> 아주 예쁩니다.

- **목적어**: 문장에서 동작의 대상이 되는 말. '무엇을(누구를)'에 해당하는 것.

  민호가 <u>책을</u> 읽습니다.
  저는 <u>한국어를</u> 배웁니다.

- **서술어**: 문장에서 주어의 동작, 상태, 성질 등을 표현하는 말. '어찌한다/어떠하다/무엇이다 (누구이다)'에 해당하는 것.

  비빔밥이 <u>맛있습니다</u>.
  비가 많이 <u>옵니다</u>.
  민호가 편지를 <u>씁니다</u>.

연습 1 다음 문장에서 주어, 목적어, 서술어를 찾으십시오.

1. <u>저는 불고기를 좋아합니다.</u>
      주어 목적어   서술어

2. 마이클 씨는 한국어를 공부했습니다.

3. 교실이 깨끗합니다.

4. 민호가 빵을 먹습니다.

5. 유코 씨가 잡니다.

6. 선생님께서 신문을 읽으셨습니다.

Q4 '명사(N)', '동사(V)', '형용사(A)'가 무엇입니까?

- **명사(N)**: 사물의 명칭을 나타내는 단어들. 명사에는 조사가 붙는다.
  - 예 학교, 빵, 한국어, 가방

- **동사(V)**: 사물의 동작이나 작용을 나타내는 단어들.
  - 예 가다, 먹다, 읽다, 자다, 살다, 쉬다

- **형용사(A)**: 사물의 성질이나 상태를 나타내는 단어들.
  - 예 크다, 작다, 가깝다, 멀다, 예쁘다, 있다, 없다

> **비교** 동사와 형용사
>
> 동사는 사물이나 사람의 움직임을 나타낸다. 형용사는 사물이나 사람의 성질이나 상태를 나타낸다. (동사를 동작동사, 형용사를 상태동사라고 부르기도 한다.) 형용사와 동사는 활용하는 방법이 같을 때도 있지만 다를 때도 있으므로, 어떤 것이 형용사고 어떤 것이 동사인지 알아 두는 것이 좋다.
>
> - 동사: 좋아하다　먹다　공부하다　청소하다
>   　　　끝나다　시작하다　쉬다　자다
> - 형용사: 좋다　크다　예쁘다　빠르다　춥다　바쁘다
>   　　　깨끗하다　조용하다　피곤하다　있다　없다
>
> **주의** '조용하다, 깨끗하다, 시원하다, 피곤하다' 등은 '-하다'가 붙어서 동사라고 생각하기 쉽지만, 동사가 아니라 형용사다.

연습 1 명사를 찾으십시오.

1. <u>수미</u>가 잡니다.
2. 민호가 빵을 먹습니다.
3. 책을 읽습니다.
4. 학교에 갑니다.

연습 2 동사와 형용사를 찾으십시오.

가다	말하다	피곤하다	만들다	살다	바쁘다
마시다	조용하다	숙제하다	재미있다	보다	작다
좋다	사랑하다	맛있다	깨끗하다	공부하다	자다

→ 동사: <u>가다</u>, ________________________________

→ 형용사: ________________________________

Q5 동사와 형용사의 '기본형'이 무엇입니까?

- 기본형: 활용하는 단어의 기본이 되는 형태를 기본형이라고 한다. 기본형은 '어간+다'의 모습이다. 예를 들어, 다음의 '먹어요, 먹습니다, 먹었어요' 등의 표현들의 기본형은 모두 '먹다'이다.

다양한 활용형	기본형
먹어요 먹습니다 먹었어요 먹을 거예요 먹을까요 먹읍시다 먹자 먹지요 먹게 먹는군요 · · ·	먹다

- 기본형=사전형

  동사와 형용사의 기본형은 한국어로 말하거나 글을 쓸 때 사용되는 것은 아니다. 그러니까 기본형을 사용해서 말할 일은 없고, 사전에서만 볼 수 있다. 그래서 기본형을 '사전형'이라고 부르기도 한다.

- '기본형'을 왜 알아야 하나요?

  기본형은 다양한 활용 표현들(먹어요, 먹습니다, 먹었어요, 먹어서, 먹으면, 등)을 만드는 데 기본이 되기 때문에 꼭 알고 있어야 한다.

> **"한국인도 '기본형'을 알고 있나요?"**
>
> 아니요. 모국어 화자인 한국인에게 기본형은 머릿속에 이미 잠재되어 있어서 기본형을 떠올리지 않고도 다양한 표현들을 만들어 낼 수 있습니다. 그러니까 한국인은 기본형이 무엇인지 알 필요가 없습니다. 하지만, 한국어가 외국어인 사람에게는 '기본형'이 머릿속에 잠재되어 있지 않기 때문에, 모든 동사와 형용사의 기본형을 하나하나 알고 있어야만 다양한 표현을 만들어 낼 수 있습니다.

- 기본형의 예
  - 동사 기본형: 가다, 먹다, 살다, 듣다, 만들다, 공부하다, 운동하다, 좋아하다
  - 형용사 기본형: 예쁘다, 크다, 높다, 춥다, 덥다, 시원하다, 깨끗하다, 있다, 없다, 좋다

1. 불고기를 <u>먹을까요</u>?   ➜ <u>먹다</u>

2. 음악을 <u>들어요</u>.   ➜ ____________

3. 열심히 <u>공부했습니다</u>.   ➜ ____________

4. 꽃이 참 <u>예뻐요</u>.   ➜ ____________

5. 저는 냉면이 <u>좋아요</u>.   ➜ ____________

6. 내일부터 <u>운동할 거예요</u>.   ➜ ____________

7. 케이크를 집에서 <u>만듭시다</u>.   ➜ ____________

8. 수미 씨는 부산에서 <u>사는군요</u>.   ➜ ____________

9. 내일 날씨가 <u>추울까요</u>?   ➜ ____________

10. 어제도 많이 <u>더웠습니다</u>.   ➜ ____________

Q6 '어간'이 무엇입니까?

- 어간: 동사와 형용사 기본형에서 '-다'를 뺀 부분.

기본형	어간
먹다	먹
공부하다	공부하
살다	살
많다	많
예쁘다	예쁘

연습 1 어간을 찾으십시오.

1. 먹다   <u>먹</u>

2. 보다   ____________

3. 살다   ____________

4. 좋다   ____________

5. 만들다   ____________

6. 좋아하다   ____________

7. 배우다   ____________

연습 2 어간의 마지막 음절에 받침이 있는 것을 찾으십시오.

먹다	좋다	좋아하다	살다	공부하다
만들다	듣다	읽다	청소하다	빠르다
피곤하다	맛있다	높다	재미없다	춥다

→ <u>먹다,</u> ____________________________

____

01 개, 명, 장, 병, 잔, 권, 마리 (단위 명사1)

① 의미

사람, 동물, 사물의 수량을 셀 때 고유어계 수+단위 명사 형태를 쓴다. 일반적인 물건을 셀 때는 개를 쓰고 사람은 명 혹은 사람을, 동물은 마리를 쓴다. 그리고 종이, 카드, 우표와 같이 얇은 것을 셀 때는 장을 쓰고, 책을 셀 때는 권을 사용한다. 또, 병을 셀 때는 병을 사용하고, 잔이나 컵을 셀 때는 잔 혹은 컵을 사용한다.

① 명/사람 : 사람

한 명

두 명

세 명

② 개 : 물건

한 개

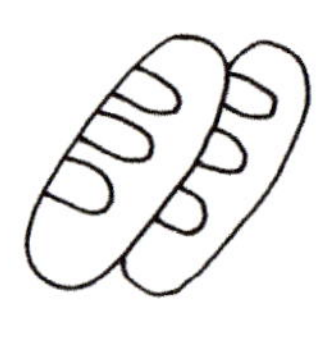

두 개

세 개

③ 마리 : 동물

한 마리

두 마리

세 마리

④ 장 : 종이, 카드, 얇은 것

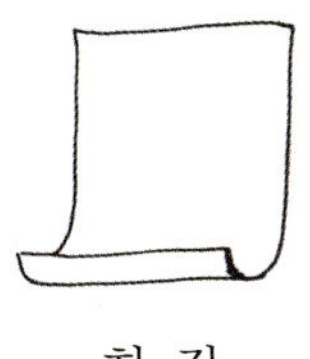 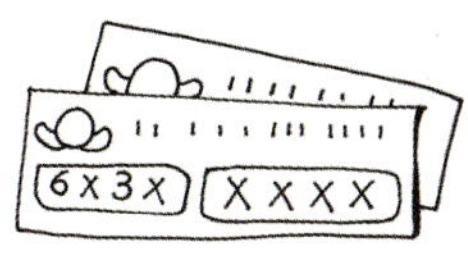 

한 장　　　　　　　　두 장　　　　　　　　세 장

⑤ 권 : 책

한 권　　　　　　　　두 권　　　　　　　　세 권

⑥ 병 : 병

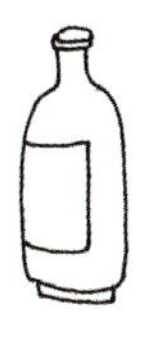  

한 병　　　　　　　　두 병　　　　　　　　세 병

⑦ 잔/컵 : 잔, 컵

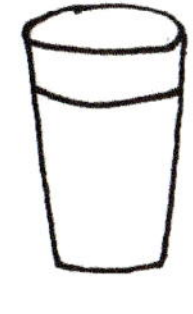  

한 잔/컵　　　　　　　두 잔/컵　　　　　　　세 잔/컵

물 한 잔=물 한 컵
한국 사람들은 잔과 컵을 특별히 구분해서 사용하지 않는다.

하나	**한** 개	열하나	**열한** 개
둘	**두** 개	열둘	**열두** 개
셋	**세** 개	열셋	**열세** 개
넷	**네** 개	열넷	**열네** 개
다섯	다섯 개	열다섯	열다섯 개
여섯	여섯 개	스물	**스무** 개
일곱	일곱 개	스물하나	**스물한** 개
여덟	여덟 개	스물둘	**스물두** 개
아홉	아홉 개	서른	서른 개
열	열 개	서른하나	**서른한** 개

■ 하나, 둘, 셋, 넷, 스물은 뒤에 단위 명사가 올 때 형태에 변화가 있다.

③ 관련 문법

㉒ '일, 이, 삼', '하나, 둘, 셋'

㉧ 대, 켤레, 채, 송이, 다발 (단위 명사2)

연습 1 다음 수를 맞게 읽어 보십시오.

1. 개 _____두_____ 마리
    (2)

2. 소주 __________ 잔
    (4)

3. 우표 __________ 장
    (20)

4. 바나나 _________ 개
    (1)

5. 의자 __________ 개
    (11)

6. 학생 __________ 명
    (22)

연습 2 다음 _______에 '개, 명, 장, 병, 잔, 마리'를 넣어 문장을 완성하십시오.

1. 우리 반에는 남자가 두 _____명_____ 있습니다.

2. 부산행 기차표 세 _________ 주세요.

3. 잡지 한 ________을/를 샀습니다.

4. 징징 씨는 강아지 한 ________하고 고양이 다섯 ________을/를 키웁니다.

5. 마이클 씨에게 와인 한 ________을/를 선물했습니다.

6. 우리 집에는 책상이 두 __________ 있습니다.

02 -거든요

1 의미

① **이유:** 어떤 일 혹은 행위의 결과에 대한 이유를 나타내는 것으로, 화자 자신이 한 말(결과)에 대해 이어서 이유를 말할 때 사용된다. 문말 억양(문장 마지막 음절의 억양)이 하강한다.

> A: 한국 연예인 중에서 누구를 좋아해요?
> B: <u>저는 장동건을 좋아해요.</u> **잘 생겼거든요.** ↘
>   결과   이유
> 저는 옷 살 때는 주로 동대문시장에 가요. 거기가 **싸거든요.**

② **결과/연속 설명:** 어떤 사실을 설명할 때, 뒤에 이어서 관계있는 내용을 전달하고자 함을 나타낸다. 문말 억양이 상승한다.

> A: 우체국이 어디에 있는지 아세요?
> B: 똑바로 가면 사거리가 **나오거든요.** ↗ 거기서 오른쪽으로 가면 우체국이 나올 거예요.
> 어제 테니스 치러 **갔거든요.** ↗ 그런데 날씨가 안 좋아서 테니스 못 치고 왔어요.

2 형태

받침 X	가다	가+거든요	가거든요
받침 ○	먹다	먹+거든요	먹거든요

- 어간의 마지막 음절에 받침이 있고 없고에 관계없이 어간+거든요가 된다.

3 관련 문법

12 -기 때문에, 때문에

문법 비교 '-거든요'와 '-기 때문이에요/때문입니다'

• **-거든요**	일상적인 구어체 대화에서 사용. 격식적인 구어·문어에서 사용하지 않음.
• **-기 때문이에요/입니다**	격식적인 구어·문어에서 주로 사용.

한국은 여름에 아주 덥습니다.
기온이 높고 습도도 **높기 때문입니다.**

한국은 여름에 아주 더워요.
기온이 높고 습도도 **높거든요.**

1. A: 오늘 저녁에 영화나 볼까요?

   B: 미안해요. 오늘은 안 돼요. 오늘 좀 바쁘거든요.↘
   (바쁘다)

2. A: 피곤해 보여요.

   B: 네, 어제 늦게까지 공부했어요. 오늘 중간시험이 _______________________.
   (있다)

3. A: 토요일에 영화나 볼까요?

   B: 제가 토요일에 _______________________. 일요일에 영화 볼까요?
   (출근해야 하다)

4. A: 수진 씨 선물 사러 동대문 시장에 갈까요?

   B: 그냥 인터넷 쇼핑몰에서 삽시다. 동대문 시장은 너무 _______________.
   (복잡하다)

5. A: 기숙사에서 살아요?

   B: 아니요, 지금 하숙집에서 사는데 기숙사로 옮기고 싶어요.

   하숙집이 학교에서 좀 _______________.
   (멀다)

6. A: 볼펜 하나만 좀 빌려 주세요. 필통을 _______________.
   (안 가져오다)

   B: 이거 쓰세요.

7. A: 두통약이 필요한데 어디서 팔아요?

   B: 왼쪽으로 가면 약국이 _______________. 거기 가면 두통약을 살 수 있어요.
   (나오다)

8. A: 왜 그렇게 자주 메모를 해요?

   B: 저는 뭐든지 다 메모를 해야 돼요. 메모를 안 하면 잘 _______________.
   (잊어버리다)

9. A: 한국에서 혼자 시장에 가기가 무서워요. 아직 한국말을 _______________.
   (잘 못하다)

   B: 그럼 시장에 갈 때는 저하고 같이 가요.

03 -게

① 의미

-게는 형용사의 부사형을 만드는 어미이다. 형용사 뒤에 오는 -게는 방식, 정도를 나타낸다.

점심을 **배부르게** 먹었어요.
꽃이 **예쁘게** 피었습니다.
밖에 추우니까 **따뜻하게** 입고 나가세요.
제 말을 기분 **나쁘게** 생각하지 마세요.

좋다	좋게
나쁘다	나쁘게
쉽다	쉽게
어렵다	어렵게
짧다	짧게
길다	길게
재미있다	재미있게
맛있다	맛있게
비싸다	비싸게
빠르다	빠르게
정확하다	정확하게

② 형태

받침 X	크다	크+게	크게
받침 O	작다	작+게	작게

■ 어간의 마지막 음절에 받침이 있고 없고에 관계없이 어간+게가 된다.

연습 1 '-게'를 사용해서 문장을 완성하십시오.

1. 저는 냉면을 먹을 때 겨자를 많이 넣어서 <u>맵게</u> 먹어요.
　　　　　　　　　　　　　　　　　　　　(맵다)

2. 다음 달에 이사 가면 집을 ＿＿＿＿＿＿＿＿＿ 꾸미고 싶어요.
　　　　　　　　　　　　　　(예쁘다)

3. 저는 신발을 조금 ＿＿＿＿＿＿＿＿＿ 신는 게 좋아요.
　　　　　　　　　　　　(크다)

4. 옷을 ＿＿＿＿＿＿＿＿＿ 사서 기분이 좋습니다.
　　　　　　(싸다)

5. 무를 ＿＿＿＿＿＿＿＿＿ 썰면 익히는 데 시간이 오래 걸려요.
　　　　　　(두껍다)

6. 발음을 ＿＿＿＿＿＿＿＿＿ 하는 것이 좋습니다.
　　　　　　　(정확하다)

7. 외국어를 ＿＿＿＿＿＿＿＿＿ 배우는 방법이 있을까요?
　　　　　　　(쉽다)

연습 2 '-게'를 사용해서 대화를 완성하십시오.

1. A: 살을 빼려면 어떻게 걸어야 돼요?
　 B: <u>빠르게 걸으세요</u>.
　　　　(빠르다)

2. A: 고기를 어떻게 썰까요?
　 B: ＿＿＿＿＿＿＿＿＿＿＿＿＿＿＿.
　　　　　　　(얇다)

3. A: 머리를 어떻게 잘라 드릴까요?
　 B: ＿＿＿＿＿＿＿＿＿＿＿＿＿＿＿.
　　　　　　　(짧다)

4. A: 영화 잘 봤어요?
　 B: ＿＿＿＿＿＿＿＿＿＿＿＿＿＿＿.
　　　　　　(재미있다)

04 -겠-

① 의미

-겠-은 화자의 추측, 의지, 미래를 나타낸다.

① **추측**: 현장의 지각 경험(시각, 청각, 후각, 촉각 등)을 근거로 추측함을 나타낸다. 추측의 근거가 개인적인 경험에 의한 것이어서 주관적이라고 할 수 있다.

> 이 케이크 아주 **맛있겠어요**. 맛있는 냄새가 나요.
> 하늘을 보니까 비가 **오겠어요**.

② **미래**: 곧 일어날 일임을 나타낸다. 예정된 사건에 대해 단언함을 나타낸다.

> 3분 후에 시험을 **시작하겠습니다**.
> 1시에 수업이 **끝나겠습니다**.

③ **의지**: 말하는 사람이 어떤 행위를 하겠다는 의지를 공손하게 표현한다.

> 저는 방학 동안 서울에 **있겠습니다**.
> 제가 교실을 **청소하겠습니다**.

② 형태

받침 X	가다	가+겠습니다	가겠습니다
받침 O	먹다	먹+겠습니다	먹겠습니다

- 어간의 마지막 음절에 받침이 있고 없고에 관계없이 –어간+겠-의 형태로 쓰인다.

③ 관련 문법

59 –(으)ㄹ 것이다 (미래), **60** –(으)ㄹ 것이다 (추측)

연습 1 '-겠어요'을 사용해서 다음 대화를 완성하십시오.

1. A: 어제 남자 친구한테 가방을 선물 받았어요.

   B: <u>기분이 좋았겠어요</u>.
   　　(기분이 좋다)

2. A: 내가 만든 떡볶이인데, 한번 먹어 보세요.

   B: 와, ___________________________.
   　　　　　　　　(맛있다)

3. A: 지금 3시인데, 아직 점심을 못 먹었어요.

   B: 배가 많이 ___________________________.
   　　　　　　　　　(고프다)

4. A: 요즘 회사에 일이 너무 많아서 토요일에도 출근해요.

   B: ___________________________.
   　　　　　　(힘들다)

연습 2 아나운서가 일기예보를 할 때 방송에서 어떻게 말합니까? '-겠습니다'를 사용해서
일기예보를 완성하십시오.

1.맑음

2.비

1. 오늘은 날씨가 ___________________.　　2. 내일은 오후부터 ___________________.

3.바람

4.눈

3. 오늘 밤에는 바람이 많이 ___________.　　4. 내일부터 모레까지 ___________________.

05 -고 (나열)

① 의미

A/V고는 앞절과 뒷절의 내용을 단순히 나열할 때 사용된다. 시간의 순서에 관계없이 행위나 상태를 나열할 때 쓰인다.

나는 **학생이고** 형은 회사원이에요.

마이클 씨는 운동도 **잘하고** 공부도 잘해요.
유카코는 불고기를 **좋아하고** 마이클은 삼겹살을 좋아해요.
한국은 여름에 **덥고** 겨울에 추워요.
동대문 시장에는 **싸고** 좋은 물건이 많아요.

② 형태

받침 X	가다	가+고	가고
받침 ○	먹다	먹+고	먹고

- 어간의 마지막 음절에 받침이 있는지 없는지에 관계없이, 어간+고가 된다.

③ 관련 문법

06 -고 (선후 관계)

연습 1 '-고'를 사용해서 문장을 완성하십시오.

1. 마이클은 미국 사람<u>이고</u> 제인은 캐나다 사람입니다.
　　　　　　　　　(이다)

2. 우리는 제주도에서 수영도 ＿＿＿＿＿＿ 잠수함도 탔습니다.
　　　　　　　　　　　　　(하다)

3. 영화배우 강동원은 키가 ＿＿＿＿＿＿＿ 잘생겼어요.
　　　　　　　　　　　　　(크다)

4. 감기에 걸려서 머리도 ＿＿＿＿＿＿ 콧물도 나요.
　　　　　　　　　　　(아프다)

5. ＿＿＿＿＿＿ 깨끗한 방을 찾고 있어요.
　　(넓다)

연습 2 '-고'를 사용해서 한 문장으로 만드십시오.

1. 왕명 씨는 운동도 잘합니다. 왕명 씨는 공부도 잘합니다.

　➡ <u>왕명 씨는 운동도 잘하고 공부도 잘합니다.</u>

2. 우리 학교 식당은 깨끗해요. 우리 학교 식당은 음식도 맛있어요.

　➡ ＿＿＿＿＿＿＿＿＿＿＿＿＿＿＿＿＿＿＿＿.

3. 수진 씨는 노래를 잘 부릅니다. 마이클 씨는 춤을 잘 춥니다.

　➡ ＿＿＿＿＿＿＿＿＿＿＿＿＿＿＿＿＿＿＿＿.

4. 토요일에 저는 공원에서 운동을 했습니다. 토요일에 동생은 집에 있었습니다.

　➡ ＿＿＿＿＿＿＿＿＿＿＿＿＿＿＿＿＿＿＿＿.

06 -고 (선후 관계)

① 의미

-고는 -고 앞절의 행위가 뒷절의 행위보다 시간상 앞섬을 나타낸다.

A: 이 약은 밥을 **먹고** 드셔야 합니다.
B: 네, 알겠습니다.

저는 항상 손을 **씻고** 밥을 먹습니다.
저녁을 **먹고** 산책했어요.

> '-고' 앞의 행동이나 행동의 결과가 뒤에 오는 행동에 그대로 지속됨을 나타내기도 한다.
> 이때 '-고'는 '-(으)ㄴ 채로'의 의미를 가진다.
>
> 예 오늘은 지하철을 **타고** 갈까요?
> 날씨가 추우니까 코트를 **입고** 가세요.

② 형태

05 -고 (나열)과 같다.

③ 관련 문법

05 -고 (나열), 54 -(으)ㄴ 후에

문법 비교 '-고 (나열)'과 '-고 (선후 관계)'

① '-고 (나열)'은 앞절과 뒷절의 주어가 달라도 되지만, '-고 (선후 관계)'는 앞절과 뒷절의 주어가 같아야 한다.

• -고 (나열)	앞절과 뒷절의 주어가 같거나 다름. 예 <u>언니는</u> 운동을 좋아하고, <u>나는</u> 그림을 좋아해요.
• -고 (선후 관계)	앞절과 뒷절의 주어가 같음. 예 언니는 운동을 하고 샤워를 했어요.

② 'A/V고 (나열)'은 A나 V에 시제 표현이 나타날 수도 있고 안 나타날 수도 있지만, 'V고 (선후 관계)'의 V에는 시제 표현이 나타나지 않는다.

• A/V +고 (나열)	A/V에 시제 표현이 나타날 수도 있고 안 나타날 수도 있음. 예 언니는 밥을 먹었고 나는 빵을 먹었다. (=언니는 밥을 먹고 나는 빵을 먹었다.)
• V +고 (선후 관계)	V에 시제 표현이 나타나지 않음. 예 언니가 밥을 먹었고 빵을 먹었다. (×) 언니가 밥을 먹고 빵을 먹었다. (○)

연습 1 '-고'를 사용하여 문장을 완성하십시오.

1. 잘 <u>듣고</u> 따라하세요.
   (듣다)

2. 마이클은 보통 집에서 신문을 _______________ 출근합니다.
   (보다)

3. 저는 아침에 일어난 후에 제일 먼저 물을 한 잔 _____________ 화장실에 갑니다.
   (마시다)

4. 먼저 프라이팬에 김치를 볶으세요. 그 다음에 밥을 ____________ 같이 볶으세요. 그러면 맛있는
   (넣다)
   김치볶음밥이 됩니다.

연습 2 '-고'를 사용해서 문장을 완성하십시오.

1	신발을 신을 때	오른쪽을 신다 → 왼쪽을 신다
2	식사할 때	국을 먹다 → 밥을 먹다
3	옷을 입을 때	바지를 입다 → 티셔츠를 입다
4	수업 후	숙제를 하다 → 놀다

1. 저는 신발을 신을 때 <u>오른쪽을 신고 왼쪽을 신습니다.</u>

2. 저는 식사할 때 ____.

3. 옷을 입을 때 ____.

4. 저는 수업 후에 ____.

연습 3 맞는 표현에 O표하십시오. 모두 맞으면 두 개 모두 O표 하십시오.

1. 어제 마이클 씨와 영화를 보러 갔습니다. 오후 5시에 만났습니다. 우리는 배가 많이 고팠습니다.
   그래서 먼저 밥을 (먹었고, 먹고) 영화를 봤습니다.

2. 점심 식사 후에는 커피숍에서 차를 (마셨고, 마시고) 도서관에서 공부를 했어요.

3. 아침에 토모코 씨는 책을 (읽었고, 읽고) 저는 신문을 봤습니다.

4. 민호는 어제 세수를 안 (했고, 하고) 학교에 갔어요.

07 -고 싶다

① 의미

-고 싶다는 말하는 사람이 어떤 행위를 하기를 원함을 나타낸다.

> A: 뭘 **먹고 싶어요?**
> B: 비빔밥을 **먹고 싶어요.**
>
> 집에 **가고 싶어요.**
> 한국에서 **살고 싶어요.**
> 생일에 mp3를 선물 **받고 싶어요.**
> 클래식을 **듣고 싶어요.**

② 형태

받침 X	가다	가+고 싶다	가고 싶다
받침 ○	읽다	읽+고 싶다	읽고 싶다

- 어간의 마지막 음절에 받침이 있고 없고에 관계없이 어간+고 싶다가 된다.

주의하세요!

- 형용사+고 싶다 (×):
  - 예쁘고 싶어요. (×)
  - 시원하고 싶어요. (×)

'-고 싶다'는 형용사와 같이 쓸 수 없습니다.

> 예쁘고 싶어요. (×)
> 예뻐지고 싶어요. (○)
>
> '예쁘다'는 형용사지만 '예뻐지다'는 동사이므로, '예뻐지고 싶어요'는 가능한 표현입니다.

예외) '행복하다, 건강하다'와 같은 일부 형용사는 '-고 싶다'와 같이 쓰일 수 있습니다.

- 행복하고 싶어요. (○)
- 건강하고 싶어요. (○)

연습 1 '-고 싶다'를 사용해서 문장을 완성하십시오.

1. 텔레비전을 <u>보고 싶어요</u>.
   (보다)

2. 졸업 후에 ___________________.
   (취직하다)

3. 저는 호주에서 _______________.
   (살다)

4. 저녁에 비빔국수를 _____________.
   (먹다)

5. 방학에 하와이에 ______________.
   (가다)

6. 5년 후에 __________________.
   (결혼하다)

7. 일본어를 다시 ______________.
   (배우다)

8. 퇴근 후에 맥주를 ______________.
   (마시다)

연습 2 '-고 싶다'의 사용이 맞으면 ○, 틀리면 ×하십시오.

1. 저는 얼굴이 예쁘고 싶어요. (×)

2. 한국어를 잘하고 싶어요. (   )

3. 방이 깨끗하고 싶어요. (   )

4. 주말에는 집에서 쉬고 싶어요. (   )

5. 한국 친구를 많이 사귀고 싶어요. (   )

6. 저는 눈이 크고 싶어요. (   )

7. 수업 후에 영화를 보러 가고 싶어요. (   )

08 -고 있다

① 의미

-고 있다는 동사와 함께 쓰여 진행, 반복되는 사건이나 습관, 상태가 지속됨을 나타낸다. 높임말은
-고 계시다이다.

> A: 여보세요? 수미 좀 바꿔 주세요.
> B: 수미 지금 전화 못 받아요. **샤워하고 있어요.**

① 진행

지금 마이클 씨가 1층 로비에서 **기다리고 있어요.**
사장님께서는 지금 회의를 **하고 계십니다.**

② 반복되는 사건이나 습관

살을 빼고 싶어서 매일 아침에 **조깅하고 있어요.**
내년에는 유럽에 여행가고 싶어요. 그래서 매달 30만원씩 **저금하고 있어요.**

③ 상태: 입다, 쓰다, 신다, 끼다, 매다, 차다 등의 탈착 동사와 같이 쓰여, 그 동작을 끝낸 후에 그 상태가 지속됨을 나타낸다.

마이클 씨는 양복을 입고 **있어요.** (= 마이클 씨는 양복을 입었어요.)
반지를 끼고 **있는** 사람이 수진 씨예요. (= 반지를 낀 사람이 수진 씨예요.)

> - **탈착 동사 + 고 있다:** 두 가지 의미로 해석될 수 있다.
>
> 마이클 씨는 양복을 입고 있어요.
> - 진행: 지금 양복을 입는 동작을 하고 있다.
> - 상태: 양복을 입었다.

② 형태

받침 X	가다	자+고 있다	자고 있다
받침 ○	먹다	먹+고 있다	먹고 있다

- 어간의 마지막 음절에 받침이 있는지 없는지에 관계없이 어간+고 있다가 된다.

1. A: 마이클 씨 지금 뭐 해요? 집에 있어요?

   B: 지금 점심을 _______________________________.
                          (먹다)

2. A: 뭐 하세요? 지금 바빠요?

   B: 네, 좀 바빠요. 저녁에 회사 사람들이 집에 올 거예요. 그래서 지금 ___________________.
                                                                          (청소하다)

3. A: 졸업 후에 뭐 할 거예요? 계획이 있어요?

   B: 저는 졸업 후에 미국에 유학을 갈 거예요. 그래서 요즘 토플 시험을 ___________________.
                                                                          (준비하다)

4. A: 왕명 씨는 중국으로 돌아가면 어떤 일을 하고 싶어요?

   B: 저는 요리사가 되고 싶어요. 그래서 3년 전부터 요리학원에 ___________________.
                                                                (다니다)

5. A: 취미가 뭐예요?

   B: 저는 춤추는 것을 좋아해요. 댄스 동호회에 가입해서 밸리댄스를 ___________________.
                                                                       (배우다)

연습 2 '-고 있다'를 사용해서 문장을 완성하십시오.

마이클   수진   소요   제니   타쿠야

1. 마이클 씨는 하얀색 티셔츠에 청바지를 입고 있습니다. 그리고 운동화를 신고 있습니다.

2. 수진 씨는 원피스를 입고, 모자를 _____________. 손에는 핸드백을 _______________.

3. 소요 씨는 양복을 입고, 넥타이를 _________. 어깨에는 컴퓨터 가방을 _____________.

4. 제니 씨는 목에 스카프를 _________. 그리고 손가락에 다이아몬드 반지를 _______________.

5. 타쿠야 씨는 긴 코트를 _____________. 그리고 안경을 _______________.

09 -군요/-는군요

1 의미

-군요/는군요는 화자가 새롭게 알게 된 정보에 대해 감탄함을 나타낸다. -네요도 -군요/는군요와 같은
의미를 가지는데 좀더 여성스럽고 부드러운 태도를 나타낸다. 반말의 형태로는 -군, -구나, -네를 쓴다.

A: 경치가 참 **좋군요**. 오늘 정말 **춥군요**.
B: 네, **그렇군요**. 한국어를 정말 **잘하시는군요**.
 비가 진짜 많이 **오네요**.
 넌 축구를 참 **잘하는구나**.

2 형태

① 동사

	과거: -았/었군요	현재: -는군요	미래: -(으)ㄹ 거군요
가다	갔군요	가는군요	갈 거군요
먹다	먹었군요	먹는군요	먹을 거군요
만들다	만들었군요	만드는군요	만들 거군요
듣다	들었군요	듣는군요	들을 거군요
줍다	주웠군요	줍는군요	주울 거군요

② 형용사

	과거: -았/었군요	현재: -군요
크다	컸군요	크군요
높다	높았군요	높군요
길다	길었군요	길군요
춥다	추웠군요	춥군요

연습 1 다음 표를 완성하십시오.

기본형	-군요/는군요	기본형	-군요/는군요
가다		공부하다	공부하는군요
먹다		크다	
높다	높군요	만들다	
작다		예쁘다	
걷다		길다	

연습 2 '-군요/는군요, -았/었군요, 군, 구나'를 사용해서 문장을 만드십시오.

1.

키, 크다
➡ <u>키가 크군요.</u>

2.

경치, 좋다
➡ _________________________.

3.

눈, 많이 오다
➡ _________________________.

4.

방, 깨끗하다
➡ _________________________.

5.

눈, 많이 왔다
➡ _________________________.

6.

시험, 잘 봤다
➡ _________________________.

그래서, 그러니까, 그리고, 그렇지만, 그러면, 그런데

① 의미

① 그리고: 앞 문장과 뒷 문장을 단순히 나열할 때 사용된다.

오늘 오후에 저는 낮잠을 잤어요. **그리고** 동생은 텔레비전을 봤어요.
동대문 시장에 예쁜 옷이 많이 있어요. **그리고** 값도 싸요.

② 그렇지만: 앞 문장과 뒷 문장이 서로 대조적인 관계임을 나타낸다. 하지만, 그러나와 의미가 같다.

한국은 겨울에 아주 춥습니다. **그렇지만** 여름에는 아주 덥습니다.
핸드폰을 사고 싶어요. **그렇지만** 돈이 없어요.

③ 그래서: 앞 문장이 뒷 문장의 이유, 원인, 근거를 나타낸다.

어제 밤에 눈이 많이 왔어요. **그래서** 오늘 아침에 길이 막혔습니다.
공부를 안 했습니다. **그래서** 시험을 잘 못 봤습니다.

④ 그러면: 앞 문장이 뒷 문장의 전제나 가정을 나타낸다.

한국 친구들과 한국어로 많이 이야기하세요. **그러면** 한국어를 잘할 수 있어요.
똑바로 가세요. **그러면** 지하철역이 나와요.

⑤ 그러니까: 앞 문장이 뒷 문장의 이유를 나타낸다. 화자와 청자 모두 그 이유를 알고 있을 때 사용된다. -(으)ㅂ시다, -(으)ㄹ까요, -(으)세요와 같이 사용될 때가 많다.

지금 이 시간에는 길이 막혀요. **그러니까** 지하철로 갑시다.
오늘 저녁에 비가 올 거예요. **그러니까** 우산 가져가세요.

⑥ **그런데**: 앞 문장이 뒷 문장의 배경이 되거나 대조의 관계를 나타낸다. 화제를 바꿈을 나타내기도 한다. 대조를 나타낼 때는 그렇지만과 바꿔 쓸 수 있다.

- **배경**: 어제 도서관에 갔어요. **그런데** 거기서 마이클 씨를 만났어요.

- **대조**: 저는 매운 음식을 좋아해요. **그런데** 동생은 매운 음식을 안 좋아해요.
    저는 노래를 잘해요. 그런데 춤은 잘 못 춰요.

- **화제 전환**:
    A: 어제 제 생일에 남자친구한테 반지를 받았어요. 반지가 정말 예뻤어요. 기분이 좋았어요. 그리고 프랑스 식당에 가서…….
    B: **그런데**, 우리 기말 시험이 언제죠?

③ 관련 문법

그리고: **05** -고 (나열)

그래서: **38** -아/어서 (이유)

그런데: **55** -(으)ㄴ데, -는데

그러니까: **57** -(으)니까

주의하세요!

- 그래서 + 명령·제안 (×)
- 그러니까 + 명령·제안 (○)

'그래서'는 명령이나 제안을 하는 문장 앞에 쓸 수 없습니다.

지금 길이 많이 막혀요. 그래서 지하철을 탑시다.(×)
지금 길이 많이 막혀요. 그러니까 지하철을 탑시다.(○)

지금은 수업 시간이에요. 그래서 조용히 하세요.(×)
지금은 수업 시간이에요. 그러니까 조용히 하세요.(○)

1. 오늘 아침에 늦게 일어났어요. <u>그래서</u> 수업에 지각했습니다.

2. 나는 도서관에 갔습니다. ＿＿＿＿＿＿ 책을 읽었습니다.

3. 저는 고기를 좋아합니다. ＿＿＿＿＿＿ 야채를 안 좋아합니다.

4. 어제 술을 너무 많이 마셨습니다. ＿＿＿＿＿＿ 아직 머리가 아픕니다.

5. 한국어를 잘하고 싶어요? ＿＿＿＿＿＿ 한국 친구를 많이 사귀세요.

6. 아이스크림을 다섯 개 먹었습니다. ＿＿＿＿＿＿ 배탈이 났습니다.

7. 영어 공부를 열심히 하세요. ＿＿＿＿＿＿ 취직할 수 있어요.

8. 너무 더워요. ＿＿＿＿＿＿ 창문을 열었어요.

9. 주말에 친구와 영화를 봤습니다. ＿＿＿＿＿＿ 같이 피자를 먹었습니다.

10. 김치찌개를 만들려고 했습니다. ＿＿＿＿＿＿ 집에 김치가 없었습니다.

＿＿＿＿＿＿ 된장찌개를 만들었습니다.

시끄럽게 공부하세요!

한국어를 공부할 때는 소리 내어 공부하세요. 짧은 단어를 외울 때도, 긴 표현을 공부할 때도 무조건 소리 내서 읽거나 말하세요. 소리를 내서 공부하는 것에는 여러 가지 장점이 있습니다.

첫째, 먼저 내 귀가 내가 내는 소리를 듣고, 발음이 맞는지 스스로 확인할 수 있어요. 소리 내서 말해 보지 않고 기억만 해 두었다가 어느 날 사용했는데 한국 사람들이 못 알아들어서 당황스러울 때가 누구나 있었을 겁니다. 평소에 소리 내서 연습하면 스스로 교정을 할 수가 있어서 좋습니다.

둘째, 소리 내어 연습하면 뇌에 각인이 잘 되어 암기가 잘된다고 합니다.

셋째, 소리 내서 연습하면, 조음기관들도 함께 훈련이 되겠지요?

자, 앞으로 한국어 공부 최대한 시끄럽게 하세요. 머리만 공부시키지 말고, 입도 공부하게 하세요!

11 -기

-기는 계획하고 있는 일, 해야 할 일, 결심한 일과 같은 주로 미래의 일에 대해 간단하게 기록할 때 사용된다.

① **계획, 결심, 약속**: 계획, 자신의 결심, 다른 사람과 약속함을 나타낸다.
  내일은 꼭 **청소하기**.
  술 안 마시기.

② **취미**
  제 취미는 **영화 보기**입니다.
  운동하기
  음악 듣기
  사진 찍기
  그림그리기

③ **영역**
  언어 기술: **듣기, 읽기, 쓰기, 말하기**
  육상대회 종목: **달리기, 높이뛰기, 멀리뛰기, 오래달리기**

> '-기'를 사용할 때 '-을/를'은 생략된다.
>
> 예 편지를 보내다 → 편지 보내기
>   쿠키를 만들다 → 쿠키 만들기

② 형태

받침 X	가다	가+기	가기
받침 ○	먹다	먹+기	먹기

- 어간의 마지막 음절에 받침이 있고 없고에 관계없이 어간+기가 된다.

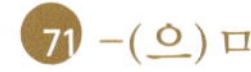 −(으)ㅁ

문법 비교 '−(으)ㅁ'과 '−기'

① 'V(으)ㅁ'과 'V기'

• V + (으)ㅁ	이미 일어난 사실 OR 이미 알고 있는 사실. 이미 일어난 사건에 대해 기록할 때 사용.
• V + 기	일반화된 사실 OR 아직 일어나지 않은 사실. 계획하고 있는 일, 해야 할 일, 결심한 일.

도서관에 책 <u>반납함</u>. (책을 이미 반납하였다.)	도서관에 책 <u>반납하기</u>. (책을 아직 반납하지 않았다. 오늘 해야 할 일이 책을 반납하는 일이다.)

② 'A(으)ㅁ'과 'A기'

• A + −(으)ㅁ (○)	징징은 얼굴이 <u>예쁨</u>. (○)
• A + 기 (×)	징징은 얼굴이 <u>예쁘기</u>. (×)

'−(으)ㅁ'은 형용사와 결합할 수 있지만, '−기'를 사용하면 계획이나 해야 할 일 혹은 청유함을 나타내기 때문에 형용사와 같이 사용할 수 없다.

연습 1 ‘-기'를 사용해서 메모를 하십시오.

1. 오늘 할 일

 1) 우체국에 가서 소포를 보내다

 → <u>우체국에 가서 소포 보내기</u>.

 2) 은행에서 돈을 찾다

 → ___________________________________.

 3) 학교에 등록금을 내다

 → ___________________________________.

 4) 세탁소에서 옷을 찾다

 → ___________________________________.

 5) 저녁에 마이클 씨에게 전화하다

 → ___________________________________.

2. 새해 결심

 1) 매일 운동을 하다.

 → <u>매일 운동하기</u>

 2) 담배를 끊겠습니다.

 → ___________________________________

 3) 외국어를 배우다.

 → ___________________________________

3. 규칙 · 약속

1) 집에 너무 늦게 들어오지 않다.

   → _______________________________________

2) 친구를 안 데려오다.

   → _______________________________________

3) 식사하자마자 설거지를 하다.

   → _______________________________________

4) 외출할 때 꼭 문을 잠그다.

   → _______________________________________

연습 2 '-(으)ㄹ 것, -(으)ㅁ, -기'를 사용해서 다음 내용을 메모하십시오.

1. 이번 주 금요일에 수업이 없습니다. 휴강입니다.

   → 이번 주 금요일에 수업이 없음. 휴강임.

2. 이번 과제물은 다음 주 월요일까지 제출하세요.

   → _______________________________________.

3. 오늘 회식이 취소되었습니다. 다음 주 수요일 저녁 7시로 연기됐습니다.

   → _____________________. _________________________.

4. 오늘 할 일:
   교수님께 이메일을 보내야 합니다.

   → _______________________________.

   프린터를 고쳐야 합니다.

   → _______________________________.

5. 지금 외출 중입니다. 한 시간 후에 돌아올 것입니다.

   → _____________________. _________________________.

12 -기 때문에, 때문에

① 의미

N 때문은 앞에 오는 것이 어떤 일의 원인이나 까닭임을 나타낸다. 주로 N 때문이다, A/V기 때문이다, N 때문에, A/V기 때문에의 형태로 쓰인다.

① N 때문에, N 때문이다

비 때문에 축구 경기가 취소되었습니다.

오늘 기분이 안 좋은 건 **날씨 때문이에요.**

② A/V기 때문에, A/V기 때문이다

그 남자를 더 이상 **사랑하지 않기 때문에** 헤어졌습니다.

설탕보다 소금이 더 중요합니다. 소금이 없으면 **살 수 없기 때문입니다.**

② 형태

① N 때문에

친구　친구 때문에

시험　시험 때문에

② A/V기 때문에

받침 X	가다	가+기 때문에	가기 때문에
받침 ○	먹다	먹+기 때문에	먹기 때문에

■ 어간의 마지막 음절에 받침이 있고 없고에 관계없이 어간+기 때문에가 된다.

때문에	• 긍정적·부정적인 결과를 가져온 이유를 말할 때 모두 사용. - 긍정적 결과: 선생님 <u>때문에</u> 입학시험에 합격할 수 있었습니다.(○) - 부정적 결과: 눈 <u>때문에</u> 길이 많이 막힙니다.(○)
덕분에	• 긍정적인 결과를 가져온 이유를 말할 때만 사용. 부정적인 결과를 가져온 이유를 말할 때 사용하지 못함. - 긍정적 결과: 선생님 <u>덕분에</u> 입학시험에 합격할 수 있었습니다.(○) - 부정적 결과: 눈 <u>덕분에</u> 길이 많이 막힙니다.(×)

입학시험에 합격한 것은 긍정적인 결과이므로 ‘덕분에’와 ‘때문에’ 모두 사용 가능하다. 하지만, B2에서처럼 부정적인 결과(길이 많이 막힘)를 초래한 이유에 대해서는 ‘덕분에’를 사용할 수 없다.

주의하세요!

N 때문에	주어가 아닌 다른 어떤 것이 이유가 됨. (N≠주어)
N이기 때문에	주어가 그 이유가 됨. (N=주어)

A: 나는 선생님 때문에 공부합니다. (나≠선생님)
B: 나는 선생님이기 때문에 공부합니다. (나=선생님)

A는 주어인 ‘나’가 공부하는 이유가 선생님임을 나타내고, B는 공부하는 이유가 ‘나=선생님’임을 나타냅니다.

1.

안개

어제는 <u>안개 때문에</u> 교통사고가 많이 났습니다.

2.

태풍

_________________ 여행이 취소되었습니다.

3.

눈

_________________ 길이 많이 막힙니다.

4.

시험

_________________ 스트레스가 쌓입니다.

5.

공사

_________________ 시끄럽습니다.

1. A: 왜 다른 식당으로 갔어요?

   B: 그 식당에는 사람이 너무 <u>많았기 때문에</u> 다른 식당으로 갔습니다.
   (많았다)

2. A: 왜 동대문시장에서 쇼핑을 해요?

   B: 동대문시장은 백화점보다 ___________________________________.
   (싸다)

3. A: 징징 씨는 왜 노래방에 자주 가요?

   B: 노래방에서 노래를 하면 ___________________________.
   (스트레스가 풀리다)

4. A: 세상에서 가장 중요한 것은 무엇일까요?

   B: 저는 물이 가장 중요한 것 같습니다. 물이 없으면 ___________________________.
   (살 수 없다)

5. A: 요즘 왜 취직하기가 힘들어요?

   B: 요즘 _______________________________ 취직하기가 어렵습니다.
   (경기가 좋지 않다)

13 -기(가) 쉽다/어렵다/편하다/불편하다

① 의미

형용사 쉽다, 어렵다, 편하다, 불편하다, 힘들다, 좋다, 나쁘다 등의 앞에 오는 동사는 -기의 형태로 쓰인다. 주로 조사 가가 생략된 형태인 -기 쉽다/어렵다…/로 쓰인다.

> 외국인에게는 버스보다 지하철이 **이용하기가 쉬워요**.
>
> 요즘은 회사에 **취직하기 어려워서** 노는 사람이 많아요.
>
> 찜질방은 따뜻해서 겨울에 친구들과 **놀기 좋아요**.
>
> **숙제하기가 싫어서** 친구 숙제를 베꼈어요.
>
> 병원에서 주사를 **맞기 싫어서** 도망간 적이 있어요.
>
> 한라산은 꼭대기까지 **올라가기 힘들어요**.
>
> 한국 사람에게 일본어는 **배우기 쉬운** 언어예요.

② 형태

받침 X	가다	가+기	가기(가) 어렵다
받침 ○	먹다	먹+기	먹기(가) 어렵다

■ 어간의 마지막 음절에 받침이 있고 없고에 관계없이 어간+기(가) 어렵다/쉽다/…가 된다.

연습 1 '-기(가) 쉽다/어렵다/편하다/불편하다/좋다/나쁘다/힘들다'를 사용해 완성하십시오.

1. A: 1년 정도 배우면 한국어를 잘할 수 있을까요?

   B: 1년 만에 외국어를 아주 <u>잘하기</u> 힘들어요.
   (잘하다)

2. A: 한국에는 사람들은 왜 아파트에서 많이 살아요?

   B: 단독주택보다는 아파트가 _________________ 편하거든요.
   (살다)

3. A: 산책을 하고 싶은데 어디에 가면 좋아요?

   B: 남산공원이 _______________ 좋아요.
   (산책하다)

4. A: 영어를 참 잘하시네요. 언제부터 영어를 배웠어요?

   B: 초등학교 1학년 때부터 영어를 _______________ 시작했어요.
   (배우다)

5. A: 보통 누구랑 같이 식사하세요?

   B: 저는 혼자 밥 _____________ 싫어서 룸메이트나 반 친구들을 불러서 같이 먹어요.
   (먹다)

연습 2 '-기(가) 쉽다/어렵다/편하다/불편하다/좋다/나쁘다/힘들다'를 사용해 대화를 만드십시오.

1. 한국에서 살다, 힘들다

   A: <u>한국에서 살기가 힘들지요?</u>

   B: <u>아니요, 별로 힘들지 않아요.</u>

2. 서울에서 지하철을 타다, 불편하다

   A: _________________________________?

   B: 아니요, _______________________________.

3. 김치를 담그다, 쉽다

   A: _________________________________?

   B: 네, _______________________________.

14 -기 전에, 전에

① 의미

전에, -기 전에는 다른 행위를 하기 전에 어떤 행위를 함을 나타낼 때 사용한다.

① N 전에

저는 **5년 전에** 고등학생이었습니다.
저는 **식사 전에는** 물을 안 마십니다.

수업 전에	점심 식사 전에	일 년 전에
이틀 전에	한 시간 전에	오분 전에

② V기 전에

미국에 **유학가기 전에** 영어를 배울 겁니다.
식사하기 전에 손을 씻습니다.

② 형태

① N 전에

식사 전에
수업 전에

② V기 전에

받침 X	가다	가+기 전에	가기 전에
받침 ○	먹다	먹+기 전에	먹기 전에

- 동사 어간의 마지막 음절에 받침이 있고 없고에 관계없이 어간+기 전에가 된다.

③ 관련 문법

54 -(으)ㄴ 후에, 후에

연습 1 '전에' 혹은 '-기 전에'를 사용해서 다음을 완성하십시오.

1. <u>점심 식사   전</u>에 빵을 먹으면 밥이 맛이 없어요.
   (점심 식사)

2. 기차가 _______________________에 출발했습니다.
                        (한 시간)

3. 저는 보통 _______________________에 먼저 이를 닦아요.
                     (세수하다)

4. 물이 ___________________에 라면을 넣으면 맛이 없어요.
            (끓다)

5. ___________________에 제주도에 꼭 한 번 가 보고 싶어요.
         (귀국하다)

6. 배낭여행을 _______________________에 계획을 세워야 합니다.
                        (떠나다)

연습 2 '전에, -기 전에'를 사용해서 대화를 만드십시오.

1. DVD, 보다 / 저녁, 먹다

   A: 언제 DVD를 봤어요?

   B: <u>저녁을 먹기 전에 봤어요.</u>

2. 케이크, 만들다 / 잡채, 만들다

   A: 언제 케이크를 만들었어요?

   B: _______________________________________.

3. 중국어, 배우다 / 한국, 오다

   A: 언제 중국어를 배웠어요?

   B: _______________________________________.

4. 배낭여행, 가다 / 회사, 취직하다

   A: 언제 배낭여행을 갔어요?

   B: _______________________________________.

5. 저녁, 먹다 / 영화, 보다

   A: 영화를 본 후에 저녁을 먹을까요?

   B: _______________________________________.

15 -기로 하다

① 의미

-기로 하다는 어떤 행위를 하기로 결정 혹은 결심함을 나타낸다. 또, 어떤 일을 하기로 예정 혹은 약속함을 나타내기도 한다. -기로 약속하다/결정하다/결심하다의 형태로도 많이 쓰인다.

> A: 수업 후에 영화 보러 갈까요?
> B: 미안해요. 오늘은 왕명 씨하고 **만나기로 했어요**. 영화는 내일 보러 갑시다.

> 다음 주에 제주도에 **가기로 했어요**.
> 다음에는 삼겹살 **먹기로 해요**.

> 이번 주말에는 아이들하고 **놀아 주기로 약속했어요**.
> 차를 **팔기로 결정했습니다**.
> 담배를 **끊기로 결심했습니다**.

② 형태

받침 X	가다	가+기로	가기로 하다
받침 ○	먹다	먹+기로	먹기로 하다

■ 어간의 마지막 음절에 받침이 있고 없고에 관계없이 어간+기로 하다가 된다.

연습 1 '-기로 하다'를 사용해서 다음 대화를 완성하십시오.

1. A: 내년에 차를 바꿀 거예요. 그래서 지금부터 매달 50만원씩 <u>저금하기로 했어요</u>.
   (저금하다)

   B: 좋은 생각이에요.

2. A: 휴가 때 여행갈 거예요?

   B: 아니요, 이번 휴가에는 고향에 가서 _______________________________.
   (부모님 일을 돕다)

3. A: 오늘 저녁에 같이 운동할까요?

   B: 미안해요. 오늘은 동생하고 _______________________________.
   (영화를 보다)

4. A: 내일 왕명 씨 집들이에 뭘 사 갈 거예요?

   B: 저는 마이클 씨하고 같이 휴지하고 비누를 _______________________________.
   (가져가다)

5. A: 토모코 씨 결혼식 때 저는 _______________________________.
   (축가를 부르다)

   B: 그래요? 저는 _______________________________.
   (사회를 보다)

연습 2 '-기로 하다'를 사용해서 대화를 만드십시오.

1. A: 몇 시에 만날까요?

   B: <u>7시쯤에 만나기로 해요.</u>
   (7시쯤)

2. A: 오늘 저녁에 서울타워에 갈까요?

   B: 오늘은 날씨가 안 좋으니까 _______________________________.
   (내일)

3. A: 공포 영화를 볼까요?

   B: 공포 영화는 너무 무서워요. 오늘은 _______________________________.
   (액션 영화)

4. A: 이번 방학에 어디로 여행갈까요?

   B: 저는 석굴암에 꼭 한번 가 보고 싶어요. _______________________________.
   (경주)

16 나, 너, 우리 (인칭 대명사)

1 의미

한국어 1인칭에는 대명사인 나, 저, 우리, 저희가 있고, 2인칭으로는 대명사인 너, 당신, 너희가 있다. 그리고 3인칭을 가리킬 때는 관형사 이, 그, 저에 명사를 붙인 형태로 이 사람, 그 사람, 저 사람, 이분, 그분, 저분을 쓴다.

	1인칭	2인칭	3인칭
단수	나, 저	너, 당신	이 사람, 그 사람, 저 사람, 이분, 그분, 저분
복수	우리, 저희	너희, 당신들	이 사람들, 그 사람들, 저 사람들, 이분들, 그분들, 저분들

① **1인칭**: 1인칭에는 나, 저와 우리, 저희가 있다. 나, 저는 단수일 때 쓰고, 우리, 저희는 복수일 때 쓴다. 저와 저희는 각각 나, 우리와 의미는 같지만, 듣는 사람을 높이고 말하는 사람을 낮출 때 사용한다.

> **나**는 한국 사람이에요.
> **저**는 한국어를 공부합니다.
> **제**가 마이클입니다.
> **우리**는 오늘 학교에 안 갑니다.
> **저희**는 일본에서 왔습니다.

② **2인칭:** 2인칭에는 너, 당신과 너희, 당신들이 있다. 너, 당신은 단수일 때 쓰고, 너희, 당신들은 복수일 때 쓴다. 너, 너희는 상대방을 낮추어 말할 때 쓰인다.

나는 **너**를 만나고 싶어.
나는 **너희**를 좋아해.

당신을 사랑해요.　　　　　당신이 먼저 드세요.　　　　　당신이 잘못했어요.
　　　(1)　　　　　　　　　　　　(2)　　　　　　　　　　　　(3)

'당신'은 문어체에서 주로 사용되는 표현인데, 문어체에서 '당신'은 2인칭을 높여 부르는 말이 된다(1). 하지만, 일상적인 구어체에서 '당신'은 배우자를 지칭하거나(2), 오히려 상대방을 비하하는 상황에서 사용된다(3). 따라서 상대방을 높여 말해야 할 때는 '너'나 '당신'이라고 하지 않고, '○○ 씨, ○○○ 선생님, ○○○ 과장님'과 같이 '씨'나 직책, 직위' 등을 붙여서 부른다.

③ **3인칭:** 3인칭에는 그, 그녀, 그들이 있다. 그런데 그, 그녀, 그들은 문어체에서 주로 쓰이는 표현이다. 일상적인 대화 상황에서 잘 쓰이지 않는다. 일상 대화에서는 가리키는 대상의 이름을 사용하거나 그 사람, 그 사람들이라고 한다.

그 사람은 학생이 아니에요.
그분은 우리 선생님입니다.

② 형태

	주격		목적격		소유격	
나	나+가	내가	나+를	나를→날	나+의	나의→내
저	저+가	제가	저+를	저를→절	저+의	저의→제
너	너+가	네가	너+를	너를→널	너+의	너의→네

■ 나, 저, 너는 격조사 이/가, 을/를, 의와 함께 쓰일 때 형태가 바뀐다.

2인칭 대명사 '당신'은 문어체에서는 상대방을 아주 높일 때 사용하지만, 구어체에서는 몇 경우를 제외하고는 상대방을 비하할 때 사용되기 때문에 아주 주의해서 사용해야 합니다. 실수를 하지 않기 위해서는 상대방을 가리킬 때 '당신'이라고 부르지 않고, '○○ 씨, ○○○ 선생님, ○○○ 과장님'과 같이 그 사람의 '이름+직함'으로 부르는 게 좋습니다.

연습 1 다음을 사용해서 대화를 완성하십시오.

1. A: 무슨 일을 합니까?

   B: _____저_____은/는 학생이에요.

2. 나하고 징징 씨는 기숙사에서 살아요. ____________은/는 보통 저녁을 같이 먹어요.

3. 왕명: 이름이 뭐예요?

   마이클: ____________ 이름은 마이클입니다.

4. 아저씨: ____________은/는 이름이 뭐야?

   아이: 저는 이민호예요.

5. 마이클: 안녕하세요? 제 이름은 마이클입니다.

   민호: 만나서 반갑습니다. ____________은/는 어느 나라 사람입니까?

   마이클: 저는 미국 사람입니다.

6. 수진: 토모코 씨하고 왕명 씨는 어디에 있어요?

   제인: ____________은/는 집에 갔어요.

7. 선생님: 제인 씨는 어디에서 살아요?

   제인: 저는 신촌에서 살아요. ____________은/는 어디에서 사세요?

   선생님: 저는 성북동에서 삽니다.

17 나이

한국어로 나이를 말할 때 비공식적인 상황에서는 고유어 수사(하나, 둘, 셋…)+살로 표현한다. 그리고 공식적인 상황에서는 한자어 수사(일, 이, 삼…)+세로 표현한다. 나이를 물을 때는 '몇 살이에요?, 나이가 어떻게 되세요?, 연세가 어떻게 되세요?' 등의 표현을 사용한다.

① 살

A: 징징 씨는 **몇 살**이에요?

B: 징징 씨는 **스물 두 살**이에요.

저는 **서른일곱 살**이에요.

어머니는 연세가 **쉰다섯** 되셨습니다.

저는 쉰다섯입니다.

> 다른 사람의 나이를 높여 말할 때는 '되셨다'를 쓰고, 자신의 나이를 말할 때는 '이다'를 쓴다.

② **세**: 공식적인 상황에서 사용된다.

십구 세 이상은 술을 마실 수 있습니다.

③ **나이를 묻는 표현**

몇 살이에요? 몇 살이야?	어린이나 나보다 나이가 한참 어린 사람의 나이를 물을 때(처음 만난 사람의 나이를 몇 살이냐고 물으면 실례가 될 수도 있다.)
나이가 어떻게 되십니까?	연령대가 높지 않은 성인의 나이를 물을 때
연세가 어떻게 되십니까?	연령대가 높은 분들(보통은 50대 이상)의 나이를 질문할 때

A: 딸이 몇 살이에요?

B: 세 살이에요.

A: 나이가 어떻게 되세요?
B: 스물일곱 살이에요.

A: 할머니, 연세가 어떻게 되세요?
B: **예순하나**입니다.

A: 토모코 씨의 할머니는 연세가 어떻게 되십니까?
B: **예순셋** 되셨습니다.

② 형태

① 고유어 수사(하나, 둘, 셋…) + 살

1살(한 살)　　　2살(두 살)　　　3살(세 살)　　　4살(네 살)　　　5살(다섯 살)　　　10살(열 살)

20살(스무 살)　21살(스물한 살)　30살(서른 살)　40살(마흔 살)　50살(쉰 살)

② 한자어 수사(일, 이, 삼…) + 세

7세 칠세　　　11세 십일세　　　23세 이십삼세　　　47세 사십칠세

주의하세요!

예순 한 되셨습니다. (×)

예순 하나 되셨습니다. (○)

단위 명사가 없을 때는 '한, 두, 세, 네'가 아니라 '하나, 둘, 셋, 넷'을 써야 합니다.

더 배워 봅시다

나이를 묻고 답하는 여러 가지 방법

한국에서는 처음 만나는 사람에게도 나이를 묻는 경우가 많다. 상대방의 나이를 알면 어떻게 부를지, 반말을 사용할지 높임말을 사용할지를 결정하는 데 도움이 되기 때문이다.

① 한국 나이와 만 나이

한국에서는 나이를 계산할 때 어머니의 뱃속에 있던 기간도 포함한다. 즉, 아기가 태어나면 바로 1살이 된다. 그리고 설날이 되면 한 살을 먹어서 2살이 된다. 한국인에게 실질적인 나이를 묻고 싶으면 '만 나이'를 물어 보면 된다.

A: 만으로 몇 살이에요?
B: 만으로 스물 한 살이에요.

A: 한국 나이로 몇 살이에요?
B: 한국 나이로 스물 세 살이에요.

② 학번

한국어는 나이를 간접적으로 묻는 표현이 발달했다. 나이를 직접적으로 묻기 곤란할 때 몇 년에 대학에 입학했는지를 묻기도 한다. 1991년에 대학에 입학한 사람을 구일학번이라고 하고, 2009년에 대학에 입학한 사람은 공구학번이라고 한다.

A: 학번이 어떻게 되십니까?
B: 저는 구일학번입니다.

A: 몇 학번이세요?
B: 공구학번입니다.

③ 띠

'띠'는 사람이 태어난 해를 십이 지지를 상징하는 동물의 이름으로 이르는 말이다.

A: 무슨 띠예요?
B: 저는 소띠예요.

---

1. 유카 씨는 ＿＿＿＿스무＿＿＿＿살입니다.
                (20)

2. 저는 ＿＿＿＿＿＿＿＿＿살입니다.
              (21)

3. 우리 어머니는 ＿＿＿＿＿＿＿＿ 되셨습니다.
                  (53)

4. 우리 언니는 ＿＿＿＿＿＿＿＿살입니다.
                (32)

5. 언니는 나보다 나이가 ＿＿＿＿살 많습니다.
                      (4)

6. 할머니께서는 연세가 ＿＿＿＿＿＿＿＿ 되셨습니다.
                    (72)

7. 저는 한국 나이로 ＿＿＿＿＿＿살입니다.
                (19)

8. 만 ＿＿＿＿＿세가 되어야 술을 마실 수 있습니다.
      (20)

9. ＿＿＿＿＿세 이상의 인구가 많아지고 있습니다.
      (65)

18 날짜

① 의미

한국어로 날짜를 말할 때는 한자어 수사(일, 이, 삼…)를 사용해서 ○월 ○일로 나타낸다. 날짜를 물을 때는 **며칠**이나 **언제**를 쓰면 된다.

A: 오늘은 **며칠**입니까?
B: **시월 십일일**입니다.

오늘은
유월 십오일입니다.

제 생일은
이월 십구일입니다.

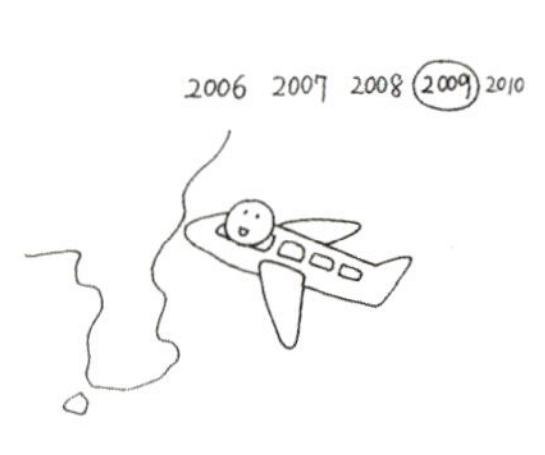

저는 **이천구년**에
한국에 왔어요.

② 형태

① 년

1984년 (천구백팔십사년)　　　　1998년 (천구백구십팔년)　　　　2001년 (이천일년)

② 월

1월 일월	2월 이월	3월 삼월	4월 사월	5월 오월	6월 유월	7월 칠월	8월 팔월	9월 구월	10월 시월	11월 십일월	12월 십이월

③ 일

1일 일일	2일 이일	3일 삼일	10일 십일	15일 십오일	20일 이십일

주의하세요!

생일이 <u>몇일</u>이에요? (×)
생일이 <u>며칠</u>이에요? (○)

'며칠'의 철자에 유의하십시오. '몇일'이라고 잘못 쓰는 사람 많은데, '몇일'이 아니라 '며칠'이 맞습니다!

1. A: 생일이 며칠입니까?

   B: <u>십일월 팔일</u> 이에요.
          (11/8)

2. A: 다음 학기는 언제 시작해요?

   B: ______________에 시작해요.
          (2/27)

3. A: 중간시험이 언제입니까?

   B: ______________에 시험이 있습니다.
          (10/3)

4. A: 언제부터 방학입니까?

   B: ______________부터 방학입니다.
          (12/7)

5. A: 언제 일본에 돌아갑니까?

   B: ______________에 일본으로 돌아갑니다.
          (6/21)

6. A: 추석이 언제입니까?

   B: 음력 ______________입니다.
          (8/15)

19 낮춤말 (해라체)

1 의미

낮춤말은 화자보다 청자가 아랫사람일 때 사용된다. 나이 어린 아랫사람에게 주로 쓰고, 아주 가까운 친구 사이에게도 사용할 수 있다.

A: 숙제 **했니?**
B: 네, 아까 다 했어요.

2 형태

기본형		평서형	의문형	명령형	청유형
		A+다, V+ㄴ/는다	A/V+니	V+아/어라	V+자
현재	가다 먹다 살다 학생이다 여자다	간다 먹는다 산다 학생이다 여자다	가니 먹니 사니 학생이니 여자니	가라 먹어라 살아라	가자 먹자 살자
과거	갔다 먹었다	갔다 먹었다	갔니 먹었니	*	*
미래	갈 것이다 먹을 것이다	갈 거다 먹을 거다	갈 거니 먹을 거니	*	*

- 평서형은 형용사 어간+다, 동사 어간+ㄴ/는다, 의문형은 어간+니, 명령형은 어간+아/어라, 청유형은 어간+자가 된다.

3 관련 문법

27 반말 (해체), **76** -(으)시, 께서 (주어 높임)

● **반말(해요체)**	친밀한 사이인 손윗사람(어머니, 아버지, 형, 선배 등)에게도 사용할 수 있다.
● **낮춤말(해라체)**	아무리 친밀한 사이여도 손윗사람에게는 사용할 수 없다.

동생: 누나, 지금 바빠?
누나: 안 바쁜데, 왜?
동생: 나 떡볶이 좀 만들어 줘.
누나: 알았어. 조금만 기다려.

아이: 엄마, 지금 바쁘니?

아이: 형, 지금 뭐 하니?

연습 1 다음을 낮춤말로 바꿔 쓰십시오.

1. 저는 매운 음식은 안 좋아해요.

   ➜ 나는 매운 음식은 안 좋아한다.

2. 주말에 영화 보러 갑시다.

   ➜ ____.

3. 보통 몇 시에 일어나요?

   ➜ ____?

4. 3페이지를 읽으세요.

   ➜ ____.

5. 저 사람은 누구예요?

   ➜ ____?

6. 이 음악 좀 들어 보세요.

   ➜ ____.

7. 많이 드세요.

   ➜ ____.

8. 도서관에 몇 시에 갈 거예요?

   ➜ ____?

9. 오늘은 비가 오니까 테니스는 다음에 칠까요?

   ➜ ____?

1.

A: 어디 가요?

B: 학교에 가요.

A: 나도 같이 가요.

B: 네, 좋아요.

형: <u>어디 가니?</u>

동생: 학교에 가.

형: ___________________________.

동생: 응, 좋아.

2.

A: 지금 뭐 해요?

B: 텔레비전 봐요.

A: 텔레비전 보고 나서 방 청소 좀 하세요.

B: 네, 알았어요.

형: ___________________________?

동생: 텔레비전 봐.

형: ___________________________.

동생: 응, 알았어.

20 -는 동안, 동안

① 의미

N 동안, V는 동안은 어떤 행위나 상태가 계속되는 시간(기간)을 나타낸다.

A: 방학에 뭘 할 거예요?
B: 방학 **동안** 아르바이트를 할 겁니다.

얼마 **동안** 한국어를 배웠어요?
도서관에서 네 시간 **동안** 공부했습니다.
내가 **자는 동안** 요코 씨는 저녁 식사를 준비했습니다.

② 형태

① N 동안
방학 동안
일 년 동안

② V는 동안

받침 X	가다	가+는 동안	가는 동안
받침 ○	먹다	먹+는 동안	먹는 동안

- 동사 어간의 마지막 음절에 받침이 있고 없고에 관계없이 어간+는 동안이 된다.

1.

<u>마이클 씨가 노는 동안</u> 저는 집을 청소했어요.

2.

_______________________ 선생님을 만났습니다.

3.

_______________________ 아시아 여러 곳을 여행하고 싶습니다.

4.

제가 _______________ 동생은 방을 청소할 겁니다.

5.

저는 _______________ 보통 책을 읽습니다.

21 -다, -ㄴ/는다

① 의미

-다, -ㄴ/는다는 청자를 고려하지 않는 말투(청자를 높이지도 낮추지도 않는 말투)로, 신문 기사, 보고서, 일기 등의 글을 쓸 때 사용된다.

> 한국의 수도는 **서울이다.**
> 제주도는 서울보다 날씨가 **따뜻하다.**
> 마이클은 매일 아침에 운동을 **한다.**
> 한국 사람들은 매운 음식을 잘 **먹는다.**

② 형태

① 동사

	과거: -았/었다		현재: -ㄴ/는다		미래: -(으)ㄹ 것이다	
가다	가+았다	갔다	가+ㄴ다	간다	가+ㄹ 것이다	갈 것이다
먹다	먹+었다	먹었다	먹+는다	먹는다	먹+을 것이다	먹을 것이다
만들다	만들+었다	만들었다	만들+는다	만든다	만들+ㄹ 것이다	만들 것이다
듣다	들+었다	들었다	듣+는다	듣는다	들+을 것이다	들을 것이다
줍다	주우+었다	주웠다	줍+는다	줍는다	주우+ㄹ 것이다	주울 것이다

- 과거형은 어간의 마지막 음절에 ㅏ, ㅗ가 있으면 어간+았다가 되고, ㅏ, ㅗ 이외의 모음이 있으면 어간+었다가 된다. 하다로 끝나는 경우는 했다가 된다. 현재형은 어간의 마지막 음절에 받침이 있고 없고에 관계없이 어간+는다가 된다. 미래형은 어간의 마지막 음절에 받침이 없으면 어간+ㄹ 것이다가 되고, 받침이 있으면 어간+을 것이다가 된다.

② 형용사

	과거: -았/었다		현재: -다		미래: -(으)ㄹ 것이다	
크다	크+었다	컸다	크+다	크다	크+ㄹ 것이다	클 것이다
높다	높+았다	높았다	높+다	높다	높+을 것이다	높을 것이다
길다	길+었다	길었다	길+다	길다	길+ㄹ 것이다	길 것이다
춥다	추우+었다	추웠다	춥+다	춥다	추우+ㄹ 것이다	추울 것이다

- 과거형은 어간의 마지막 음절에 ㅏ, ㅗ가 있으면 어간+았다가 되고, ㅏ, ㅗ 이외의 모음이 있으면 어간+었다가 된다. 하다로 끝나는 경우는 했다가 된다. 현재형은 어간의 마지막 음절에 받침이 있고 없고에 관계없이 어간+다가 된다. 미래형은 어간의 마지막 음절에 받침이 없으면 어간+ㄹ 것이다가 되고, 받침이 있으면 어간+을 것이다가 된다.

③ 기타: **-다, -ㄴ/는다**의 부정형

A + 지 않다:	예쁘지 않다	→	예쁘지 않다
	높지 않다	→	높지 않다
V + 지 않다:	하지 않다	→	하지 않는다
	먹지 않다	→	먹지 않는다

- 형용사(A)의 부정형은 **-지 않다**이고, 동사(V)의 부정형은 **-지 않는다**이다.

③ 관련 문법

31 -(스)ㅂ니다, **40** -아/어요

문법 비교 '-다, -ㄴ/는다'와 '-(스)ㅂ니다'

• -(스)ㅂ니다	글을 읽는 이를 고려하는 말투. 독자를 높여 쓰는 편지, 연설문, 공고문 등에서 사용.
• -다, -ㄴ/는다	글을 읽는 이의 높고 낮음을 고려하지 않은 말투(독자를 높이지도 낮추지도 않는 말투). 신문, 잡지, 보고서, 논문, 잡지 등에서 사용.

주의하세요!

> **일본의 날씨**
>
> 일본은 사계절이 뚜렷하다. 봄에는 날씨가 <u>따뜻합니다</u>. 여름에는 습도가 높아서 아주 덥다. 가을에는 바람이
> (따뜻하다)
>
> 많이 불어서 <u>시원한다</u>. 하지만, 겨울 에는 눈이 오고 아주 춥다. **여러분 나라의 날씨는 어떻습니까?** …
> (시원하다)

① 말을 할 때는 '-(스)ㅂ니다'와 '-아/어요'를 상황에 따라 적절히 섞어서 사용할 수 있습니다. 하지만, 글을 쓸 때는 문체를 통일해야 합니다. '-다, -ㄴ/는다'로 글을 시작했다면, 글을 끝낼 때까지 '-다, -ㄴ/는다'만 써야 하고, '-(스)ㅂ니다'로 시작했다면 끝까지 '-(스)ㅂ니다'만 써야 합니다.

② '-다, -ㄴ/는다'를 사용해서 글을 쓸 때 '여러분'과 같이 청자(독자)를 가리키는 표현은 쓸 수 없습니다. 다르게 표현해야 합니다.

③ '시원하다, 깨끗하다, 조용하다' 등은 '-하다'로 끝나기 때문에 동사로 생각하는 학습자가 많지만, 동사가 아니라 형용사입니다. 형용사는 어간 마지막 음절에 받침이 있고 없고에 관계없이 '어간+다'가 되니까 '시원한다'가 아니라 '시원하다'가 맞습니다.

> N하다(공부하다, 숙제하다, 청소하다, 운동하다): 동사

 다음을 'A다, V ㄴ/는다'로 바꿔 쓰십시오.

1. 저는 술을 안 마셔요. ➜ 나는 술을 안 마신다.

2. 우리 동네는 아주 조용해요. ➜ ____________________.

3. 휴가에 바다에 가고 싶어요. ➜ ____________________.

4. 마이클은 쿠키를 잘 만들어요. ➜ ____________________.

5. 지난주에는 눈이 안 왔어요. ➜ ____________________.

6. 한국은 4월에 따뜻해요. ➜ ____________________.

7. 저는 주말마다 청소해요. ➜ ____________________.

8. 왕명 씨는 신문을 읽지 않아요. ➜ ____________________.

9. 유코 씨는 키가 크지 않아요. ➜ ____________________.

10. 오늘은 토요일이에요. ➜ ____________________.

11. 한국과 일본은 문화가 달라요. ➜ ____________________.

12. 한국은 겨울에 바람이 많이 불어요. ➜ ____________________.

13. 저녁 식사 후에는 집 근처 공원을 걸어요. ➜ ____________________.

14. 주말에 한국 영화를 봤어요. ➜ ____________________.

15. 일요일에는 교회에 갈 거예요. ➜ ____________________.

1.

저는 학교 기숙사에서 삽니다. 기숙사는 아주 깨끗합니다. 주말에는 보통 룸메이트와 같이
시내에 갑니다. 시내에 가면 한국 영화를 봅니다. 그리고 저녁 식사를 하면서 맥주를 마십니다.
주말에 외출을 안 하면 보통 빨래를 하거나 청소를 합니다.

⇩

___나___는 학교 기숙사에서 ___산다___. 기숙사는 아주 ____________. 주말에는 보통
룸메이트와 같이 시내에 ____________. 시내에 가면 한국 영화를 ____________.
그리고 저녁 식사를 하면서 맥주를 ____________. 주말에 외출을 안 하면 보통 빨래를
하거나 청소를 ____________.

2.

저는 아직 한국 예절에 대해 잘 모릅니다. 오늘 한국 친구에게서 몇 가지 예절에 대해 배웠습
니다. 한국에서 어른과 같이 식사를 할 때 어른보다 먼저 수저를 들면 안 됩니다. 어른이
식사를 시작한 후에 식사를 시작합니다. 그리고 어른 앞에서는 담배를 피우면 안 됩니다.
술을 마실 때는 고개를 옆으로 돌리고 마셔야 합니다.

⇩

나는 아직 한국 예절에 대해 잘 ____________. 오늘 한국 친구에게서 몇 가지
예절에 대해 ____________. 한국에서 어른과 같이 식사를 할 때 어른보다 먼저
수저를 들면 ____________. 어른이 식사를 시작한 후에 식사를 ____________.
그리고, 어른 앞에서는 담배를 피우면 ____________. 술을 마실 때는 고개를
옆으로 돌리고 ____________.

3.

저는 한국에 있는 동안 경주에 꼭 한번 가 볼 겁니다. 경주는 경상북도에 있는 도시입니다.
서울에서 경주까지 기차로 세 시간 정도 걸립니다. 경주는 신라 시대의 수도였습니다. 그래서
경주에는 신라시대의 유적들이 많습니다. 경주는 불국사와 석굴암으로 유명합니다. 불국사에는
다보탑과 석가탑이 있는데 아주 아름답습니다. 석굴암은 토함산에 있습니다. 새벽에 토함산에
올라가서 멋있는 해돋이를 볼 수 있으면 좋겠습니다.

⇩

________는 한국에 있는 동안 경주에 꼭 한번 ____________. 경주는 경상북도에 있는
도시____________. 서울에서 경주까지 기차로 세 시간 정도 ____________. 경주는
신라 시대의 ____________. 그래서 경주에는 신라시대의 유적들이 ____________.
경주는 불국사와 석굴암으로 ____________. 불국사에는 다보탑과 석가탑이 있는데 아주
____________. 석굴암은 토함산에 ____________. 새벽에 토함산에 올라가서 멋있는
해돋이를 볼 수 있으면 ____________.

22 대, 켤레, 채, 송이, 다발 (단위 명사2)

① 의미

기계나 탈 것을 셀 때는 대, 양말이나 장갑과 같이 짝이 되는 두 개를 하나로 셀 때는 켤레, 옷을 셀 때는 벌을 사용한다. 그리고 꽃은 송이, 꽃의 묶음은 다발, 연필이나 볼펜과 같은 긴 필기도구는 자루, 집은 채를 사용한다.

① 대: 기계, 전자제품, 자전거, 자동차

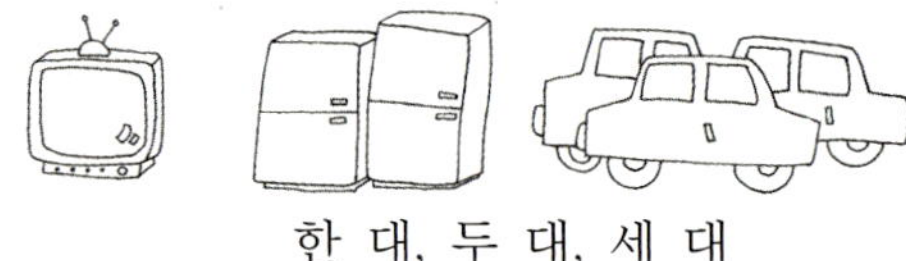

한 대, 두 대, 세 대

② 켤레: 양말, 장갑, 신발

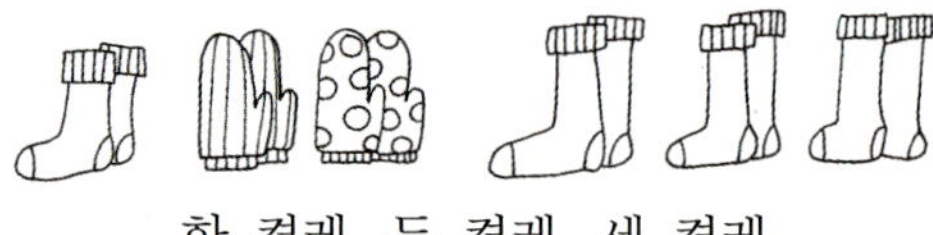

한 켤레, 두 켤레, 세 켤레

③ 벌: 옷

한 벌, 두 벌, 세 벌

④ 송이: 꽃

한 송이, 두 송이, 세 송이

⑤ 다발: 꽃다발

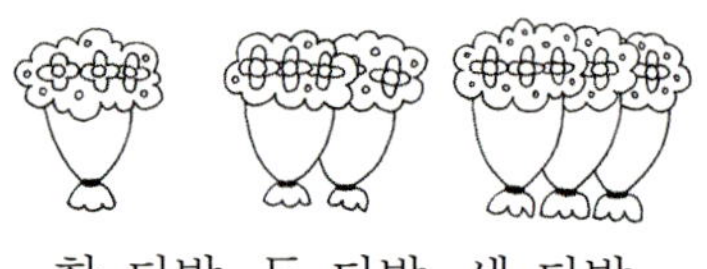

한 다발, 두 다발, 세 다발

⑥ 자루: 연필, 볼펜

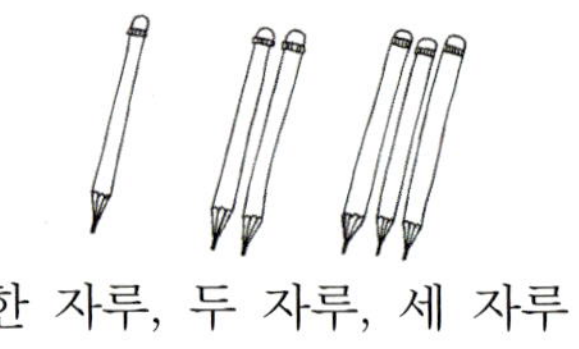

한 자루, 두 자루, 세 자루

⑦ 채: 집

한 채, 집 두 채, 세 채

② 형태

① 개, 명, 장, 병, 잔, 권, 마리 (단위 명사1) 참고

③ 관련 문법

01 개, 명, 장, 병, 잔, 권, 마리 (단위 명사1)

연습 1 다음 _______에 적절한 것을 쓰십시오.

대	채	송이	다발	자루	켤레	벌

1. 우리 집에는 텔레비전이 세 <u>대</u> 있습니다.

2. 장갑 두 _________를 준비하세요.

3. 남자 친구와 만난 지 백일 된 날, 장미 백 __________를 받았어요.

4. 그 사람은 아파트 세 _______를 가지고 있어요.

5. 이 양말은 세 ________에 만 원이에요.

6. 민호 씨 집에는 냉장고가 두 _________ 있어요.

7. 오늘 백화점에 가서 옷을 한 ________ 사려고 합니다.

8. 우리 집 차고는 차를 세 ________ 주차할 수 있습니다.

9. 필통을 안 가져왔어요. 볼펜 한 ________만 빌려 주세요.

10. 우리 집 건너편에 기와집이 두 ________있습니다.

23 -던

① 의미

-던은 지나간 일을 회상하거나 과거에 지속된 어떤 일이 중단되었음을 나타낼 때 사용한다.

① **회상**: 과거의 상태나 과거에 자주 반복하던 행동, 사건을 회상함을 나타낸다.

눈이 **크던** 한 소녀를 사랑했었다.

눈이 많이 **오던** 그날 그 소녀를 처음 만났다.
이 노래는 그 소녀가 자주 **부르던** 노래이다.

② **중단**: 과거에 지속된 행동·상태가 중단되었음을 나타낸다.

내가 **먹던** 사과 어디에 있어요?

내가 **읽던** 신문이 없어졌어요.

② 형태

받침 X	가다	가+던	가던
받침 ○	먹다	먹+던	먹던

■ 어간의 마지막 음절에 받침이 있고 없고에 관계없이 어간+던가 된다.

 -(으)ㄴ, -는, -(으)ㄹ, -던

 '-던'과 '-았/었던'

• A/V + 던	반복, 지속, 미완
• A/V + 았/었던	단절

둘 다 과거를 회상할 때 사용되지만 차이가 있다. '-던'은 동작이 과거에 습관적으로 지속되었음 (반복, 지속) 혹은 동작이 진행되다가 완료되지 않았음(미완)을 나타낸다. '-았/었던'은 현재는 과거의 그 일과는 완전히 단절되었음(완료)을 강조한다.

내가 <u>먹던</u> 빵 어디에 있어요?
내가 <u>먹었던</u> 것하고 같은 빵이에요.

"먹던 빵"은 먹는 동작이 완료되지 않았으며, 이어서 계속 먹을 것임을 나타낸다.

- '-던'과 '-았/었던'이 구분되지 않는 경우:

완료와 미완의 경계가 분명하지 않을 때

완료와 미완의 경계가 분명하지 않은 상황에서는 '-았/었-'이 '-았었/었-'의 의미를 포함하고 있기 때문에 둘의 의미가 뚜렷하게 구분되지 않는다. 다만 화자의 의도에 따라 '어떤 동작이 반복, 지속, 미완되었음'을 강조하고 싶을 때는 '-던'을, '어떤 동작이 지속되지 않고 단절되었음'을 강조하고 싶을 때는 '-았/었던'을 사용하면 된다.

내가 대학교 때 자주 <u>가던</u> 카페예요. (○)
내가 자주 <u>갔던</u> 카페예요. (○)

5년 전에 <u>만나던</u> 여자예요. (○)
5년 전에 <u>만났던</u> 여자예요. (○)

고등학교 때 많이 <u>먹던</u> 음식은 라면이에요. (○)
고등학교 때 많이 <u>먹었던</u> 음식은 라면이에요. (○)

눈이 <u>예쁘던</u> 그 소녀를 다시 만나고 싶다. (○)
눈이 <u>예뻤던</u> 그 소녀를 다시 만나고 싶다. (○)

연습 1 '-던'을 사용해서 다음을 완성하십시오.

1. 우리 옆집에 <u>살던</u> 남자 아이를 좋아했었어요.
        (살다)

2. 이 노래는 고등학교 때 제가 자주 ＿＿＿＿＿＿＿ 노래예요.
          (듣다)

3. 미국에 가면 전에 제가 ＿＿＿＿＿＿＿ 학교에 다시 가 보고 싶어요.
        (다니다)

4. 이거 우리가 어렸을 때 자주 ＿＿＿＿＿＿＿ 계란빵이네요.
        (먹다)

5. 이 사전은 우리 언니가 ＿＿＿＿＿＿＿ 거예요.
        (쓰다)

6. 저는 항상 형이 ＿＿＿＿＿＿＿ 옷을 물려 입었어요.
        (입다)

7. 여기는 케네디 대통령이 ＿＿＿＿＿＿＿ 호텔이에요.
        (묵었다)

8. 어렸을 때 가장 ＿＿＿＿＿＿＿ 일은 치과에 가는 거였어요.
        (싫어하다)

연습 2 적절한 표현을 선택하십시오.

1. A: 내일 파티에 뭘 입고 가면 좋을까요?
   B: 작년에 (사던, 샀던) 옷 입고 가세요.

2. A: 민수야, 설거지 좀 해라.
   B: (보던, 봤던) 야구만 다 보고 할게요.

3. 지난 주말에 중국 식당에서 (먹던, 먹었던) 그 음식 이름이 뭐예요?

4. (읽던, 읽었던) 책은 다시 읽기 싫어요. 내용을 다 아니까 재미없어요.

5. 점심에 (먹던, 먹었던) 메뉴는 저녁에 또 먹기 싫어요.

6. 지난 주말에 소개팅을 (하던, 했던) 남자와 오늘 은행에서 우연히 만났어요.

24 무슨, 어떤, 어느

① 의미

무슨은 어떤 대상, 즉 무엇을, 어떤은 대상의 특성을, 어느는 여러 대상 중에서 선택함을 나타낸다.

① **무슨**: 무엇인지 잘 모르는 일이나 대상, 물건 등을 물을 때 쓰는 말이다.

> A: 이거 **무슨** 냄새예요? (=무엇의 냄새예요?)
> B: 김치 냄새예요.

② **어떤**: 사람이나 사물의 특성, 내용, 상태 등을 물을 때 쓰는 말이다.

> A: 마이클 씨는 **어떤** 사람이에요?
> B: 영어 선생님인데 아주 재미있는 사람이에요.

③ **어느**: 여럿 가운데 대상이 되는 것이 무엇인지 물을 때 쓰는 말이다.
여러 선택 사항 중에서 하나를 선택함을 나타낸다.

> A: 이 셋 중에서 **어느** 가방이 제일 예뻐요?
> B: 이게 제일 예뻐요.

② 형태

무슨/어떤/어느 + 명사

문법 비교 '무슨'과 '어떤'

'무슨'과 '어떤'의 의미를 엄격히 구분하자면, '무슨'은 어떤 대상 자체를 가리키고, '어떤'은 특성을 가리키지만, 실제로는 둘은 구분하지 않고 사용될 때가 많다. 예를 들어, 질문 A, a에 대한 답으로 B, b 모두 가능하다.

> A: 무슨 음식을 좋아해요? ⟶ B: 비빔밥/불고기/냉면을 좋아해요.
> a: 어떤 음식을 좋아해요? ⟶ b: 매운/맛있는/담백한 음식을 좋아해요.

하지만, '무슨' 뒤에 그 대상의 하위 종류가 없는 명사가 오면 '무슨'을 사용할 수 없다. 예를 들어, '음식'은 '비빔밥, 불고기, 냉면 등' 그것이 가리키는 하위 대상이 많이 있어, '무슨 음식을 좋아해요?' 가 가능하지만, '남자'는 그것이 가리키는 하위 대상이 없어 '무슨 남자를 좋아해요?'는 사용할 수 없는 표현이 된다.

A: 어떤 남자를 좋아해요? (○) B: 잘 생긴 남자가 좋아요. 　/ 장동건 같은 남자가 좋아요.	A: 무슨 남자를 좋아해요? (×) 　누구 좋아해요? (○) B: 저는 장동건이 좋아요.

연습 1 적절한 것을 찾으십시오.

1. A: 왕명 씨는 (무슨, 어떤, 어느) 사람이에요?
   B: 왕명 씨는 머리가 좋은 사람이에요.

2. A: (무슨, 어떤, 어느) 남자를 좋아해요?
   B: 저는 똑똑한 남자가 좋아요.

3. A: 마이클 씨는 (무슨, 어떤, 어느) 나라 사람이에요?
   B: 저는 미국 사람입니다.

4. A: 두 치마 중에서 (무슨, 어떤, 어느) 치마가 더 예뻐요?
   B: 오른쪽 치마가 더 예뻐요.

5. A: 점심에 (무슨, 어떤, 어느) 것 먹을까요?
   B: 매운 게 먹고 싶어요. 떡볶이 먹으러 가요.

6. A: (무슨, 어떤, 어느) 노래를 듣고 싶어요?
   B: 비틀즈의 예스터데이가 듣고 싶어요.

25 무엇, 누구, 언제, 어디

① 의미

무엇, 누구, 언제, 어디는 의문문을 만드는 의문사이다. 알고 싶은 대상이 물건이면 무엇, 사람이면 누구, 시간이면 언제, 장소면 어디를 사용해서 의문문을 만든다.

> A: 저것은 **무엇**입니까?
> B: 저것은 전자 사전입니다.
>
> 저 사람은 **누구**예요?
> 유코 씨 남자 친구예요.
>
> **언제** 한국에 왔어요?
> 세 달 전에 왔어요.
>
> **어디**에서 살아요?
> 학교 기숙사에서 살아요.

② 형태

	주격	목적격
무엇	무엇이(뭐가)	무엇을(뭘)
누구	누가	누구를(누굴)
어디	어디가	어디를(어딜)
언제	언제가	*

■ 뒤에 주격조사와 목적격조사가 올 때 ( )처럼 줄여서 말할 수 있다.

주의하세요!

- **누구가** (×)
- **누가**   (○)

집에 누구가 있어요? (×)
집에 누가 있어요? (○)

'누구'와 주격조사 '가'를 같이 쓸 때 '누구가'라고 하지 않고, '누가'라고 해야 합니다!

1. 언제 갑니까? •   • 도서관에 갑니다.

2. 직업이 무엇입니까? •   • 내일 갑니다.

3. 누가 갑니까? •   • 동생이 갑니다.

4. 어디에 갑니까? •   • 학생입니다.

5. 누구하고 갑니까? •   • 학교에서 공부합니다.

6. 내일 무엇을 합니까? •   • 언니와 같이 갑니다.

연습 2 '무엇, 누구, 언제, 어디'를 사용해서 대화를 완성하십시오.

1. A: (무엇, 누구, 언제, 어디) 집에 가요?
   B: 2시쯤 가요.

2. A: (무엇, 누구, 언제, 어디)을/를 만나요?
   B: 토모코 씨하고 만나요.

3. A: 전자 사전이 (무엇, 누구, 언제, 어디)에 있어요?
   B: 책 밑에 있어요.

4. A: 한국 음식 중에 (무엇, 누구, 언제, 어디)이/가 좋아요?
   B: 저는 불고기가 제일 좋아요.

5. A: 이번 주말에 (무엇, 누구, 언제, 어디)을/를 하고 싶어요?
   B: 등산하고 싶어요.

26 못, -지 못하다

1 의미

V지 못하다는 동사와 같이 쓰여, 어떤 능력이 없거나 주어의 의지대로 되지 않음을 나타낸다. 비격식 구어체에서는 못 V이 주로 사용된다.

> A: 시험 잘 봤어요?
> B: 아니요, 시간이 모자라서 잘 **보지 못했어요**.
>
> 저는 수영을 **하지 못합니다.** (= 저는 수영을 못 합니다.)
> 머리가 아파서 숙제를 **하지 못했습니다.** (= 머리가 아파서 숙제를 못 했습니다.)

2 형태

① 못 V

받침 X	가다	못 가다
받침 O	먹다	못 먹다
하다	공부하다	공부 **못** 하다
	청소하다	청소 **못** 하다

- 어간의 마지막 음절에 받침이 있고 없음에 관계없이 못 V가 된다. 다만 N하다 형태의 동사들은 N 못 하다가 된다. N하다 형태의 동사는 N(을/를) 하다의 구성이기 때문에, N과 하다가 분리되고, 그 사이에 못이 온다.

② V지 못하다

받침 X	가다	가+지 못하다	가지 못하다
받침 O	먹다	먹+지 못하다	먹지 못하다

- 어간의 마지막 음절에 받침이 있고 없고에 관계없이 어간+지 못하다가 된다.

3 관련 문법

41 안, -지 않다

• V+지 **못하다**	화자의 능력이 없음을 나타냄.
• V+지 **않다**	화자의 의지가 없음을 나타냄.

'-지 않다'는 말하는 사람의 의지를 부정함을 나타내고, '-지 못하다'는 말하는 사람의 능력을 부정함을 나타낸다. 예를 들어, "신문을 안 읽습니다."라고 하면 화자가 신문을 읽을 의지가 없어서, 즉 원하지 않아서 신문을 읽지 않는다는 뜻이다. 그리고 "신문을 못 읽습니다."라고 하면 신문을 읽는 것이 화자의 능력으로 되지 않는다는 뜻을 가진다. 글자를 모른다거나, 신문을 읽을 시간이 없다거나 화자의 의도와 관계없이 신문을 읽을 능력이 안 돼서 신문을 읽을 수 없음을 나타낸다.

저는 신문이 재미없습니다. 그래서 신문을 **안** 읽습니다.
저는 한글을 모릅니다. 그래서 신문을 **못** 읽습니다.

① '-지 못하다'가 형용사와 같이 쓰이면, 주어의 능력이나 주어에 주어진 상황이 화자의 기대에 미치지 못함을 나타낸다.

• A+지 **못하다**	주어의 능력이나 주어진 상황이 화자의 기대에 미치지 않음을 나타냄.
• A+지 **않다**	상태를 부정함을 나타냄.

공원에 **깨끗하지 못한** 화장실이 많습니다.
공원에 **깨끗하지 않은** 화장실이 많습니다.

② '-지 못하다'는 형용사와 같이 쓰이지만, '못'은 형용사와 같이 쓰이지 않는다.

- • A + 지 **못하다** (○)
- • **못** + A (×)

토마스 씨는 한국어 발음이 **좋지 못합니다.** (○)
토마스 씨는 한국어 발음이 **못 좋습니다.** (×)

연습 1 '-지 못하다'를 사용해서 대화를 완성하십시오.

1. A: 어제 왕명 씨를 만났어요?

   B: 아니요, <u>만나지 못했어요.</u>
   　　　　　　(만나다)

2. A: 어제 왜 영화 못 봤어요?

   B: 내일 시험이 있어서 영화를 ＿＿＿＿＿＿＿＿＿.
   　　　　　　　　　　　　　(보다)

3. A: 아침에 일기예보를 들었어요?

   B: 아니요, 늦게 일어나서 ＿＿＿＿＿＿＿＿＿.
   　　　　　　　　　　　(듣다)

4. A: 어제 학교에 왜 안 왔어요?

   B: 배가 아파서 학교에 ＿＿＿＿＿＿＿＿＿.
   　　　　　　　　　　(오다)

5. A: 이번 토요일이 제 생일이에요. 마이클 씨를 제 생일 파티에 초대하고 싶어요.

   B: 미안해요. 미국에서 부모님이 오셔서 파티에 ＿＿＿＿＿＿＿＿＿＿＿＿.
   　　　　　　　　　　　　　　　　　　　　　(가다)

연습 2 적절한 것을 선택해서 대화를 완성하십시오.

1. A: 왜 숙제 안 했어요?

   B: 미안합니다. 어제 배가 많이 아팠습니다.

   　그래서 숙제를 (하지 않았습니다, 하지 못했습니다).

2. 저는 수영을 안 배웠습니다. 그래서 수영을 (못 합니다, 안 합니다).

3. A: 쇼핑 잘했어요? 청바지 샀어요?

   B: 아니요, 지갑을 잃어버려서 청바지를 (못 샀어요, 안 샀어요).

4. A: 어제 왜 운동 안 했어요?

   B: 다리를 다쳤어요.

   　그래서 운동 (못 했어요, 안 했어요).

5. A: 점심 먹었어요?

   B: 아니요, 아직 (못 먹었어요, 안 먹었어요).

   　징징 씨하고 같이 먹으려고 기다렸어요.

6. 저는 고등학교 졸업 후에 일을 하고 싶었어요. 그래서 대학에 (가지 못했어요, 가지 않았어요).

① 의미

윗사람이 아랫사람에게 혹은 사이가 가까운 친구 사이에 쓰이는 말투이다. 손윗사람이라도 아버지, 어머니 등과 같이 아주 친밀한 관계일 때는 반말을 쓰기도 한다.

A: 수업 끝나고 뭐 **할까**?
B: 영화 보러 **가자**.
　난 과일을 **좋아해**.
　넌 어디 **살아**?
　내 동생은 아직 한국어 **잘 못해**.

> 반말을 해야 할지 높임말을 해야 할지 선택할 때는 나이, 친밀도, 지위의 높고 낮음 등을 고려해야 한다. 언제 반말을 쓸지 선택하는 것은 한국인에게도 쉬운 일이 아니다. 상대방이 말을 놓으라고 즉, 반말을 하라고 하면 반말을 사용하는 것이 좋다.

② 형태

① 종결어미

| 기본형 | | 평서형 | 의문형 | 명령형 | 청유형 |
		A/V+아/어	A/V+아/어	V+아/어	V+아/어
현재	가다 먹다 살다 학생이다 여자다	가 먹어 살아 학생이야 여자야	가 먹어 살아 학생이야 여자야	가 먹어 살아	가 먹어 살아
과거	갔다 먹었다	갔어 먹었어	갔어 먹었어	·	·
미래	갈 것이다 먹을 것이다	갈 거야 먹을 거야	갈 거야 먹을 거야	·	·

- 평서형, 의문형, 명령형, 모두 어간+아/어가 된다.

② 이름을 부를 때

받침 X	민호	민호+야	민호야
받침 ○	동건	동건+아	동건아

- 이름의 마지막 음절에 받침이 없으면 이름+야가 되고, 받침이 있으면 이름+아가 된다.

③ 기타

높임	반말
네	응
아니요	아니
이에요/예요	(이)야
아니에요	아니야
당신	너
안녕하세요	안녕
가지 마세요	가지 마
안녕히 주무세요	잘 자
많이 드세요	많이 먹어
잘 먹겠습니다	잘 먹을게
안녕히 계세요	잘 있어
안녕히 가세요	잘 가
오랜만이에요	오랜만이야

③ 관련 문법

31 -(스)ㅂ니다, **40** -아/어요, **76** -(으)시-, 께서 (주어 높임), **19** 낮춤말 (해라체)

 **더 배워 봅시다**

청자 높임법

● 청자 높임이란?

듣는 사람을 높이는 청자 높임(상대경어법)은 높이는 정도에 따라 여섯 등급이 있다. 본 교재에서는
현대 국어에서 많이 쓰이는 네 가지, 합쇼체, 해요체, 해체, 해라체를 소개하고 있다.

등급	평서형	의문형	명령형	청유형	본 교재
합쇼체	합니다	합니까	하십시오	합시다	③ -(스)ㅂ니다
해요체	해요	해요	하세요	해요	④ -아/어요

등급	평서형	의문형	명령형	청유형	본 교재
하오체	하오	하오	하오	하오	*
하게체	하네	하는가	하게	하세	*

등급	평서형	의문형	명령형	청유형	본 교재
해체(반말)	해	해	해	해	② 반말 (해체)
해라체(낮춤말)	한다	하니(하느냐)	해라	하자	① 낮춤말 (해라체)

● 각 등급의 청자 높임 표현은 언제 사용하나요?

합쇼체	듣는 사람을 가장 정중하고 공손하게 대하는 최상급의 말투. 청자가 자기(말하는 사람)보다 상위의 인물일 때만 쓴다.
해요체	청자가 자기보다 상위의 사람이거나 상위에 있지는 않더라도 대우해 주어야 할 사람에게 쓰는 말투. 일상 대화에서 가장 자주 쓰이는 말투이다. 예 상점이나 식당에서 점원이 손님에게, 손님이 점원에게 사용. 학생이 선생님에게.
해체(반말)	아주 가깝게 지내는 사람, 즉 부모가 자식에게, 나이가 많은 사람이 아주 어린 사람(초등학생. 중고등학생)에게 쓰는 말투.
해라체(낮춤말)	나이 어린 아랫사람이나 가까운 친구 사이에 사용되는 말투. 대체로 반말(해체)과 구분하지 않고 사용한다. 하지만, 반말(해체)은 친밀한 사이인 손윗사람(어머니, 아버지, 형, 선배 등)에게 사용할 수 있지만, 낮춤말(해라체)은 손윗사람에게 사용할 수 없다.

한국 사람들이 "반말하세요."할 때의 반말은 뭐예요?

위에서 설명한 것은 문법 용어로 통용되는 것으로 실생활에서 사용되는 것과는 약간의 차이가 있다.
실생활에서 한국 사람들이 일반적으로 "높임말을 쓴다."고 할 때의 높임말은 '해요체'와 '합쇼체'를 의미
한다. 그리고 "반말해도 됩니다." "말씀 낮추세요."라고 할 때의 반말은 '해체'와 '해라체'를 가리키는
말이다.

• 반말: 해체(반말) + 해라체(낮춤말)
• 높임말: 합쇼체 + 해요체

1. 전 매운 음식은 안 좋아해요. ➡ <u>난 매운 음식은 안 좋아해.</u>

2. 주말에 영화 보러 갑시다. ➡ _______________________________.

3. 보통 몇 시에 일어나요? ➡ _______________________________?

4. 3페이지를 읽으세요. ➡ _______________________________.

5. 저 사람은 누구예요? ➡ _______________________________?

6. 이 음악 좀 들어 보세요. ➡ _______________________________.

7. 너무 많이 드시지 마세요. ➡ _______________________________.

8. 시간이 있으면 제 숙제 좀 도와주세요. ➡ _______________________________.

9. 도서관에 몇 시에 갈 거예요? ➡ _______________________________?

10. 오늘은 비가 오니까 테니스는 다음에 칠까요? ➡ _______________________________?

연습 2 친구 사이인 의사와 환자의 대화를 반말로 바꾸십시오.

의사: 어떻게 오셨습니까?	의사: 어떻게 왔어?
환자: 감기에 걸린 것 같아서요.	환자: 감기에 걸린 것 같아서.
의사: 어디가 어떻게 아프세요?	의사: _____________________?
환자: 머리도 아프고, 열도 있어요.	환자: 머리도 아프고, 열도 있어.
의사: 기침도 하십니까?	의사: 기침도 해?
환자: 네, 기침도 하고 콧물도 납니다.	환자: 응, 기침도 하고 콧물도 나.
의사: 기침은 언제부터 하셨습니까?	의사: _____________________?
환자: 어젯밤부터요.	환자: _____________________.
의사: 유행성 독감에 걸린 것 같네요. 처방전을 드릴 테니, 약국에 가서 약을 받아서 드세요. 그리고 뜨거운 물을 자주 마시고, 차가운 음식을 피하도록 하세요. 술 담배는 하시면 안 되고요.	의사: 유행성 독감에 걸린 것 같네. _____________________ _____________________. _____________________. _____________________.
환자: 네, 알겠습니다.	환자: 응, 알겠어.

28 보다

① 의미

보다는 보다 한 대상을 다른 과 비교함을 나타낸다. 주로 더와 같이 사용된다.

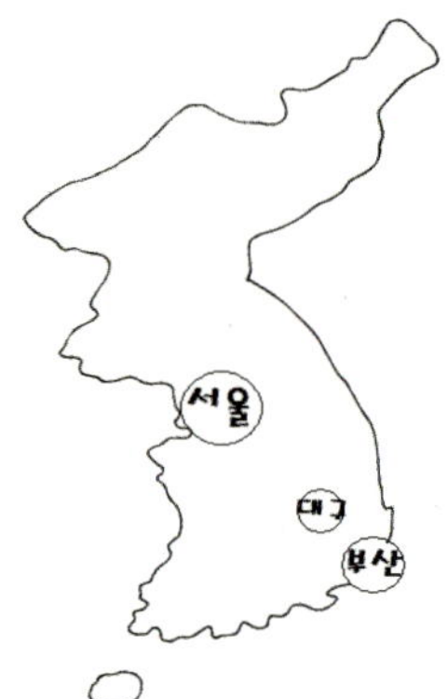

부산은 대구**보다** 커요. 그렇지만, 서울**보다** 작아요.

내 동생은 나**보다** 더 작아요.
마이클 씨가 저**보다** 노래를 더 잘해요.

② 형태

받침 X	사과	사과+보다	사과보다
받침 ○	책	책+보다	책보다

■ 명사의 마지막 음절에 받침이 있고 없고에 관계없이 명사 다음에 보다가 붙는다.

문법 비교 '보다 더'와 '보다 덜'

• N보다 더	어떤 기준보다 정도가 심함.
• N보다 덜	어떤 기준보다 정도가 약함.

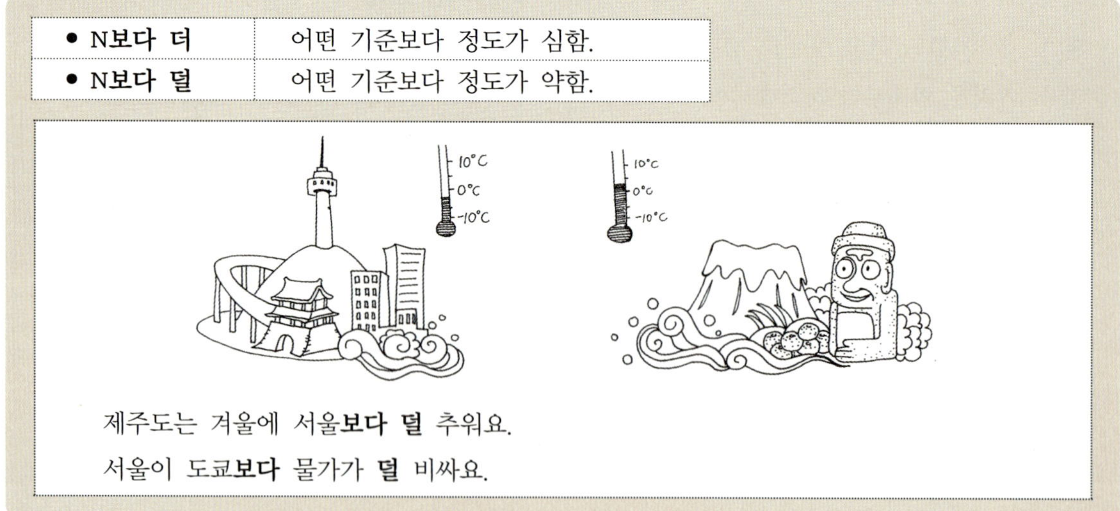

제주도는 겨울에 서울**보다 덜** 추워요.
서울이 도쿄**보다** 물가가 **덜** 비싸요.

1.
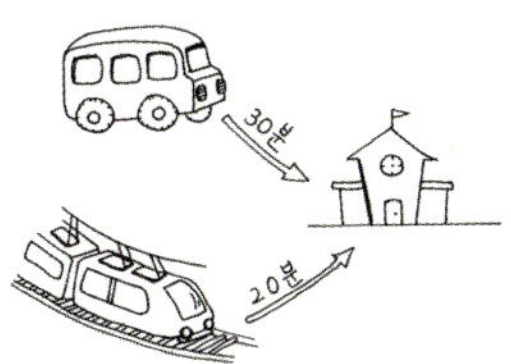

지하철이 버스<u>보다</u> 시간이 <u>덜</u> 걸립니다.

2.

한국은 겨울________ 여름에 비가 ________ 많이 옵니다.

3.
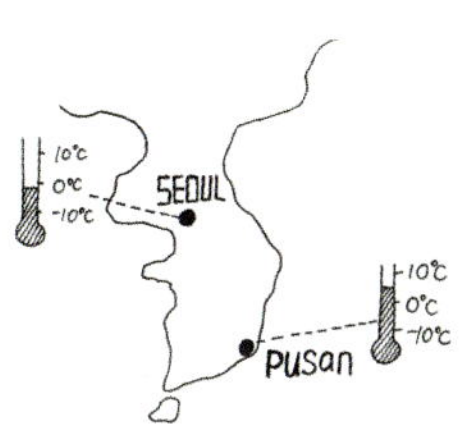

부산이 서울________ 겨울에 ________ 춥습니다.

4.

일본이 한국________ 인구가 ________ 많습니다.

연습 2 '보다 더'를 사용해서 문장을 완성하십시오.

1. 빠르다: 비행기 〉 기차

➜ <u>비행기가 기차보다 더 빠릅니다.</u>

2. 맵다: 떡볶이 〉 비빔밥

➜ ____.

3. 두껍다: 사전 〉 한국어 책

➜ ____.

4. 덥다: 대구 〉 서울

➜ ____.

29 부터 까지, 에서 까지

① 의미

N부터 N까지는 어떤 일이나 상태의 시작하고 끝나는 시간을 나타낸다.

6월 28일부터 8월 26일까지 여름방학입니다.

한 시**부터** 두 시**까지** 점심시간입니다.
오늘은 아침**부터** 밤**까지** 공부했습니다.
이 책은 처음**부터** 끝**까지** 모두 읽었습니다.

② 형태

받침 X	한 시	한 시 + 부터/에서/까지	한 시부터/에서/까지
받침 ○	삼십분	삼십분 + 부터/에서/까지	삼십분부터/에서/까지

■ 마지막 음절에 받침이 있고 없고에 관계없이 N+에서/부터/까지가 된다.

주의하세요!

- 출발점 + 부터 (×)
- 출발점 + 에서 (○)

서울부터 부산까지 기차로 세 시간 걸립니다. (×)
서울에서 부산까지 기차로 세 시간 걸립니다. (○)

출발점과 도착점을 나타낼 때는 'N에서 N까지'를 씁니다.

연습 1 '부터, 까지, 에서' 중에서 적절한 것을 골라 대화를 완성하십시오.

1. A: 점심시간이 언제예요?

   B: 한 시<u>부터</u> 두 시<u>까지</u>입니다.

2. A: 언제가 방학이에요?

   B: 방학은 8월 1일______ 8월 30일______입니다.

3. A: 언제______ 언제______ 휴가입니까?

   B: 7월 21일부터 27일까지입니다.

4. A: 서울______ 대구______ 시간이 얼마나 걸려요?

   B: KTX로 한 시간 40분쯤 걸립니다.

5. A: 언제______ 영어를 배웠어요?

   B: 여섯 살 때______ 영어를 배웠어요.

6. A: 집에 오면 제일 먼저 뭘 해야 합니까?

   B: 집에 들어오면 손______ 씻어야 합니다.

7. A: 어디______ 청소할까요?

   B: 화장실______ 청소해 주세요.

30 시간

① 의미

시간을 말할 때, 시간은 고유어 수사를, 분은 한자어 수사를 사용한다.

A: 몇 시예요?
B: **두 시 이십 분**이에요.

② 형태

① 시

1시	한 시
2시	두 시
3시	세 시
4시	네 시
5시	다섯 시
6시	여섯 시
7시	일곱 시
8시	여덟 시
9시	아홉 시
10시	열 시
11시	열한 시
12시	열두 시

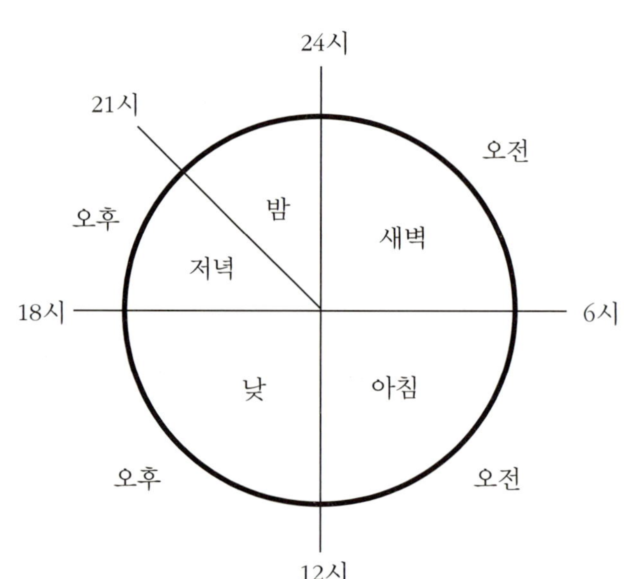

② 분

10분 (십 분)   20분 (이십 분)   30분 (삼십 분)

③ 기타

1시 30분 = 한 시 반   5시 55분 = 여섯 시 오 분 전

1.
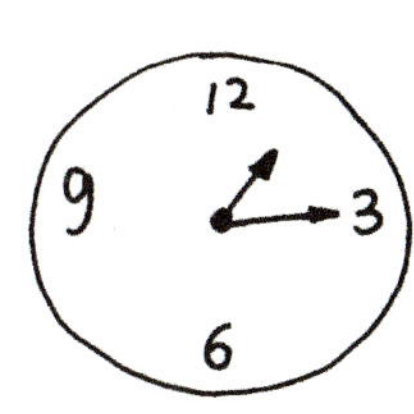
1:15 한 시 십오분

2.
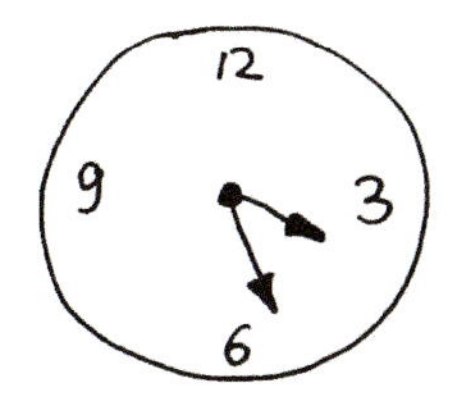
4:27 ________________

3.

12:50 ________________

4.

6:41 ________________

5.

11:07 ________________

6.

7:55 ________________

7.

2:17 ________________

8.

3:36 ________________

9.

10:42 ________________

연습 2 다음 ______에 알맞은 표현을 쓰십시오.

저는 보통 아침 __일곱 시__ 에 일어납니다. 그리고 ______________에 아침식사를 합니다.
　　　　　　　(7:00)　　　　　　　　　　　　　　　　(7:30)

아침식사 후에 30분 동안 신문을 읽습니다. 그리고 ______________까지 학교에 갑니다.
　　　　　　　　　　　　　　　　　　　　　　　　(9:00)

보통 ________까지 학교에서 공부를 합니다. 저녁 ________쯤 집에서 저녁을 먹습니다.
　　(5:00)　　　　　　　　　　　　　　　　(6:00)

보통 밤 ____________시에 잡니다.
　　　　(12:00)

31 -(스)ㅂ니다

1 의미

-(스)ㅂ니다는 형용사나 동사에 붙어 서술어로 쓰인다. 주로 회의, 면접, 발표 등과 같은 격식을 갖춰야 하는 자리에서 말할 때 쓰인다. 의문형은 -(스)ㅂ니까?이다.

A: 질문 **있습니까?**
B: 아니요, **없습니다.**

한국의 산은 **아름답습니다.**
저는 경영학을 **공부합니다.**
10분간 **쉬는 시간입니다.**

2 형태

받침 X	가다	가+ㅂ니다	갑니다
받침 O	먹다	먹+습니다	먹습니다
ㄹ탈락	만들다	만들+ㅂ니다	만듭니다

[참고] 94 ㄹ탈락

- 어간의 마지막 음절에 받침이 있으면 어간+습니다가 되고, 받침이 없으면 어간+ㅂ니다가 된다.

3 관련 문법

40 -아/어요

 다음 활용표를 완성하십시오.

기본형	-(스)ㅂ니다	-(스)ㅂ니까	기본형	-(스)ㅂ니다	-(스)ㅂ니까
가다	갑니다	갑니까	크다	큽니다	큽니까
공부하다			작다	작습니다	
먹다	먹습니다	먹습니까	춥다	춥습니다	춥습니까
입다		입습니까	덥다		덥습니까
걷다			길다		
듣다		듣습니까?	많다		많습니까
만들다		만듭니까	어렵다	어렵습니다	
알다			쉽다	쉽습니다	
쉬다		쉽니까	재미있다		
읽다	읽습니다		재미없다		재미없습니까

 '-(스)ㅂ니다'를 사용해서 다음 문장을 완성하십시오.

1. 저는 지금 학교에 <u>갑니다</u>.
   (가다)

2. 저는 요즘 한국어를 _________________.
   (공부하다)

3. 저는 한국 노래를 많이 _________________.
   (알다)

4. 한국은 여름에 아주 _________________.
   (덥다)

5. 저는 보통 밤에 음악을 _________________.
   (듣다)

연습 3 '-(스)ㅂ니다/-(스)ㅂ니까'를 사용해서 대화를 완성하십시오.

1. A: 그 영화가 <u>재미있습니까</u>?
       (재미있다)
   B: 네, <u>재미있습니다</u>.

2. A: 비가 많이 ___________________?
                      (오다)
   B: 네, 비가 많이 ___________________.

3. A: 지금 ___________________?
              (바쁘다)
   B: 아니요, 안 ___________________.

4. A: 지금 어디에서 ___________________?
                        (살다)
   B: 기숙사에서 ___________________.

연습 4 주말에 보통 무엇을 하는지 '-(스)ㅂ니다'를 사용해서 쓰십시오.

1.

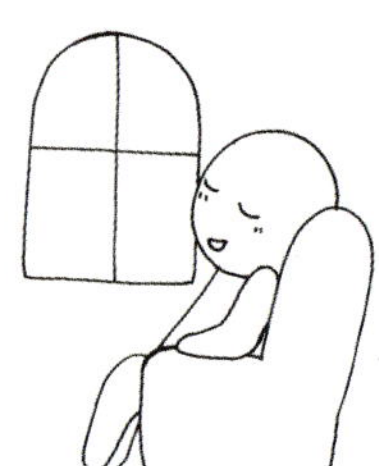

민호 씨는 주말에 보통 <u>집에서 쉽니다</u>.

2.

마이클 씨는 주말에 보통 ___________________.

영화, 보다

3.

등산하다

왕명 씨는 주말에 보통 ___________________________.

4.

친구, 만나다

징징 씨는 주말에 보통 ___________________________.

5.

음악, 듣다

타쿠야 씨는 주말에 보통 ___________________________.

32 -아/어 드릴까요

① 의미

-아/어 드릴까요?는 상대방이 도움을 청하기 전에 먼저 도와주고 싶음을 나타낸다. 청자가 높임의 대상이
아닐 때는 -아/어 줄까요?나 -아/어 줄까?를 쓴다.

A: 같이 **들어 드릴까요**?
B: 네, 좀 도와 주세요.

A: 내가 **가르쳐 줄까요**?
B: 네. 선생님, 이것 좀 가르쳐 주세요.

문을 **열어 드릴까요**?
설거지 하는 것 제가 **도와 드릴까요**?

② 형태

ㅏ, ㅗ	가다	가+아 드릴까요	가 드릴까요
ㅏ, ㅗ가 아닌 경우	먹다	먹+어 드릴까요	먹어 드릴까요
하다	해요	하+여 드릴까요	해 드릴까요

- 어간의 마지막 음절에 ㅏ, ㅗ가 있으면 어간+아 드릴까요가 되고, ㅏ, ㅗ 이외의 모음이 있으면
어간+어 드릴까요가 된다. 하다의 경우는 해 드릴까요가 된다.

③ 관련 문법

35 아/어 주세요

문법 비교 '-아/어 드릴까요'와 '아/어 주세요'

• V+아/어 드릴까요	도움을 제공하고 싶을 때 사용.
• V+아/어 주세요	도움이 필요할 때(도움을 받고 싶을 때) 사용.

1.

가방, 들다

<u>가방을 들어 드릴까요</u>?

2.

설거지하다

제가 _______________________?

3.

치우다

다 드셨으면 _______________________?

4.

에어컨, 끄다

추우시면 _______________________?

5.

읽다

할머니, 제가 _______________________?

6.

옮기다

책상을 저쪽으로 _______________________?

연습 2 '-아/어 줄까?'를 사용해서 친한 친구들에게 도움을 제공하고 싶음을 표현해 보십시오.

1. A: 저녁에 김치볶음밥 <u>만들어 줄까</u>?
                  (만들다)

   B: 응, 좋아.

2. A: 숙제가 너무 어려워서 못 하겠어.

   B: 내가 좀 _______________________?
                (돕다)

3. A: 스키를 배우고 싶은데 너무 어려워.

   B: 내가 _______________________?
             (가르치다)

33 -아/어 보다

① 의미

-아/어 보다는 어떤 행위를 한번 시도하거나 경험함을 나타낸다.

① **경험**: 이전에 어떤 일을 경험했음을 나타낸다.

> A: 제주도에 **가 봤어요?**
> B: 아니요, 아직 못 **가 봤어요.**
>
> 해물탕을 **먹어 봤는데** 생각보다 안 매웠어요.
> 지금까지 **배워 본** 외국어 중에서 뭐가 제일 쉬웠어요?

② **시도**: 어떤 행동을 시험 삼아 함을 나타낸다.

> A: **입어 봐도** 돼요?
> B: 한번 **입어 보세요.**
>
> 이거 한번 **먹어 보세요.**
> 박물관에 **가 보세요.**

② 형태

ㅏ, ㅗ	가다	가+아 보다	가 보다
ㅏ, ㅗ가 아닌 경우	먹다	먹+어 보다	먹어 보다
하다	공부하다	공부하+여 보다	공부해 보다

- 어간의 마지막 음절에 ㅏ, ㅗ가 있으면 어간+아 보다가 되고, ㅏ, ㅗ 이외의 모음이 있으면 어간+어 보다가 된다. 하다의 경우는 해 보다가 된다.

③ 관련 문법

52 -(으)ㄴ 적이 있다 (경험)

주의하세요!

> • 보다 + 아/어 보다 (×)
>
> 동사 '보다'는 '-아/어 보다'와 결합할 수 없습니다.
>
> • 영화 '친구' <u>봐 봤어요?</u> (○)
> • 영화 '친구' <u>봤어요?</u> (×)

1. A: 이 티셔츠 <u>입어 봐도 돼요</u>?
   　　　　　　　(입다)
   B: 죄송합니다. 티셔츠는 입어 보실 수 없습니다.

2. A: 요즘 회사 일 때문에 스트레스가 쌓여요.

   B: 그러면 규칙적으로 ＿＿＿＿＿＿＿＿＿＿＿＿. 스트레스가 풀릴 거예요.
   　　　　　　　　　　　　　(운동하다)

3. A: 이 립스틱 얼마예요?

   B: 20,000원입니다. 한 번 ＿＿＿＿＿＿＿＿＿.
   　　　　　　　　　　　　(바르다)

연습 2   '-아/어 보다'를 사용해서 사람들이 한국에 있는 동안 경험하고 싶은 일에 대해 쓰십시오.

1.

제주도, 가다

저는 한국에 있는 동안 <u>제주도에 가 보고 싶어요</u>.

2.

김치 만드는 법, 배우다

저는 한국에 있는 동안 ＿＿＿＿＿＿＿＿＿.

3.

유명한 연예인, 만나다

저는 한국에 있는 동안 ＿＿＿＿＿＿＿＿＿.

4.

막걸리, 마시다

저는 한국에 있는 동안 ＿＿＿＿＿＿＿＿＿.

5.

말하기 대회에 나가다

저는 한국에 있는 동안 ＿＿＿＿＿＿＿＿＿.

6.

스키, 타다

저는 한국에 있는 동안 ＿＿＿＿＿＿＿＿＿.

34 -아/어 주다

① 의미

-아/어 주다는 다른 사람을 위해서 어떤 행위를 함을 나타낸다. 행위로 인한 혜택을 받는 사람이 화자보다 윗사람일 때는 -아/어 드리다를 쓴다.

요코 씨가 스파게티를 **만들어 주었다.**

징징 씨를 위해서 노래를 **불러 주었다.**
할머니 생신에 케이크를 **만들어 드렸다.**

② 형태

ㅏ, ㅗ	가다	가+아 주다	가 주다
ㅏ, ㅗ가 아닌 경우	먹다	먹+어 주다	먹어 주다
하다	해요	하+여 주다	해 주다

■ 어간의 마지막 음절에 ㅏ, ㅗ가 있으면 어간+아 주다가 되고, ㅏ, ㅗ 이외의 모음이 있으면 어간+어 주다가 된다. 하다의 경우는 해 주다가 된다.

문법 비교 '먹다'와 '먹어 주다'

● **-아/어 주다**: 나 자신이 아닌, 다른 누군가를 위해 어떠한 행동을 함.

A1: 어제 스파게티를 먹었어요.

A2: 어제 수진 씨를 위해서 스파게티를 먹어 줬어요.

A1은 단순히 스파게티를 먹었다는 사실을 말한다. A2는 '나'는 '수진 씨가 스파게티를 먹고 싶어 해서' 같이 스파게티를 먹으러 갔음, 아니면 '수진 씨가 만든 스파게티를 '수진 씨를 기쁘게 하기 위해' 스파게티를 먹었음을 나타낸다.

1. 어제는 아내의 생일이었습니다.

저는 매일 집안일을 하는 아내를 위해서 작은 생일 파티를 준비했습니다.

먼저 아내에게 맛있는 음식을 <u>요리해 줬습니다</u>.
(요리하다)

케이크도 ________________________________.
(만들다)

그리고 아내가 좋아하는 노래를 ____________________.
(부르다)

식사가 끝난 후에 백화점에 같이 ____________________.
(가다)

아내가 아주 기뻐했습니다.

2. 저는 지난 주말에 병원에 갔습니다.

병원에 입원하신 할머니를 위해서 여러 가지 일을 <u>해 드렸습니다</u>.
(하다)

책을 ________________________________.
(읽다)

인터넷 사용법을 ________________________________.
(가르치다)

그리고 과일을 ________________________________.
(사다)

할머니께서 좋아하셨습니다.

연습 2 다음을 완성하십시오.

1. 민호 씨, 햄버거, 사다

➡ <u>민호 씨가 햄버거를 사 줬어요</u>.

2. 윌슨 씨, 편지, 쓰다

➡ ________________________________.

3. 언니, 숙제, 돕다

➡ ________________________________.

4. 유코 씨, 머리, 자르다

➡ ________________________________.

35 -아/어 주세요

① 의미

-아/어 주세요는 상대방에게 도움을 요청하거나 부탁함을 나타낸다.

> 죄송한데, 사진 좀 **찍어 주세요**.
> 문 좀 **열어 주세요**.

② 형태

ㅏ, ㅗ	가다	가+아 주세요	가 주세요
ㅏ, ㅗ가 아닌 경우	먹다	먹+어 주세요	먹어 주세요
하다	해요	하+여 주세요	해 주세요

- 어간의 마지막 음절에 ㅏ, ㅗ가 있으면 어간+아 주세요가 되고, ㅏ, ㅗ 이외의 모음이 있으면 어간+어 주세요가 된다. 그리고 하다는 해 주세요가 된다.

③ 관련 문법

77 -(으)십시오, -(으)세요

● -(으)세요	명령을 하거나 강하게 조언할 때 사용.
● -아/어 주세요	무언가를 부탁하거나 요청할 때 사용. 주로 '좀'과 같이 사용됨.

술 마시지 마세요.
매일 <u>운동하세요.</u>

책 105쪽을 <u>읽으세요.</u>
<u>대답하세요.</u>

미안하지만, 문 좀 <u>열어 주세요.</u>

 **주의하세요!**

선생님, 칠판에 쓰세요. (×)
선생님, 한 번 더 설명하세요.(×)

선생님, 칠판에 써 주세요. (○)
선생님, 한 번 더 설명해 주세요.(○)

'-(으)세요'는 명령할 때 사용하는 표현입니다. 따라서 수업 시간에 교사가 학생에게 지시할 때는 '-(으)세요'를 쓰는 게 맞지만, 학생들이 교사에게 부탁을 할 때는 '-아/어 주세요'를 사용해야 합니다.

연습 1 '-아/어 주세요'를 사용해서 부탁하는 표현을 만드십시오.

1. 창문, 닫다

   ➔ <u>창문 좀 닫아 주세요</u>.

2. 에어컨, 켜다

   ➔ ________________________________.

3. 천천히, 가다

   ➔ ________________________________.

4. 고기, 자르다

   ➔ ________________________________.

5. 테니스, 가르치다

   ➔ ________________________________.

6. 프린터, 고치다

   ➔ ________________________________.

7. 케이크, 만들다

   ➔ ________________________________.

8. 액자, 걸다

   ➔ ________________________________.

1. A: 왜 이렇게 춥지요?

   마이클 씨, 창문 좀 (닫으세요, 닫아 주세요).

   B: 네.

2. A: 근처에 지하철역이 어디에 있어요?

   B: 똑바로 500미터쯤 (가세요, 가 주세요).

3. A: 밖에 비가 와요.

   우산을 (가져가세요, 가져가 주세요).

   B: 네, 알았어요.

4. A: 주말에 수영장에 갈까요?

   B: 저 수영 못하는데 좀 (가르치세요, 가르쳐 주세요).

   A: 저도 잘 못 해요.

5. A: 마이클 씨, 사전 있어요?

   사전 좀 (빌리세요, 빌려 주세요).

   B: 여기 있어요.

36 -아/어도 되다

① 의미

-아/어도 되다는 어떤 행동을 하는 것이 허용됨을 나타낸다. 화자가 청자에게 허락을 구할 때도 사용된다. 유사한 표현으로는 -아/어도 좋다, -아/어도 괜찮다가 있다.

> A: 담배를 **피워도 됩니까?**
> B: 아니요, 여기서 담배를 피우면 안 됩니다.
>
> 지금 집에 **가도 됩니다.**
> 술을 **마셔도 됩니다.**
> 이 사과 제가 **먹어도 돼요?**
> 4살인 아이는 입장료를 **안 내도 됩니다.**

② 형태

ㅏ, ㅗ	가다	가+아도 되다	가도 되다
ㅏ, ㅗ가 아닌 경우	먹다	먹+어도 되다	먹어도 되다
하다	해요	하+여도 되다	해도 되다

■ 어간의 마지막 음절에 ㅏ, ㅗ가 있을 경우, 아도 되다가 붙고, ㅏ, ㅗ 이외의 모음이 있을 경우에 어도 되다가 붙는다. 그리고 하다의 경우는 해도 되다가 된다.

③ 관련 문법

73 -(으)면 안 되다

> **문법 비교** '-(으)면 안 되다'와 '-아/어도 되다'

> '-(으)면 안 되다'는 어떤 행위를 금지함을 나타내고, '-아/어도 되다'는 어떤 행위를 하는 것이 허락됨을 나타내므로, 둘은 반대 의미를 갖는다고 볼 수 있다.

연습 1 '-아/어도 되다'를 사용해서 문장을 완성하십시오.

1. 쉬는 시간에는 핸드폰을 <u>사용해도 됩니다</u>.
   (사용하다)

2. 한국에서 만으로 열아홉 살인 사람은 술을 ________________________________.
   (마시다)

3. 신호등이 파란불이 되면 길을 ________________________________.
   (건너다)

4. 숙제를 마친 후에는 친구 집에 ________________________________.
   (놀러 가다)

5. 이 옷은 ________________________________.
   (손세탁하다)

6. 기숙사에서 개를 키우면 안 됩니다. 하지만 화분을 ________________________.
   (키우다)

연습 2 '-아/어도 되다'를 사용해서 허락을 구하는 문장을 완성하십시오.

1. A: 이 케이크 내가 <u>먹어도 돼요</u>?
      (먹다)
   B: 네, 드세요.

2. A: 엄마, 저 이번 주말에 친구들하고 수영장에 ________________________________?
      (가다)
   B: 숙제를 다 하면 가도 좋아.

3. A: 여기서 사진을 ________________________________?
      (찍다)
   B: 죄송합니다. 박물관에서는 사진을 찍으면 안 됩니다.

4. A: 기차 안에서 담배 ________________________________?
      (피우다)
   B: 안 됩니다. 기차 안에서는 금연하셔야 합니다.

5. A: 여기에 ________________________________?
      (앉다)
   B: 네, 앉으세요.

37 -아/어서 (계기)

① 의미

−아/어서는 어떤 행위나 일이 잇따라 일어남을 나타낸다. 이때 앞절의 행위나 상태가 뒷절의 전제가 되고 뒷절의 행동이 앞절의 행동의 목적이 된다. 다시 말해, 앞절의 행위나 상태가 없으면 뒷절의 행위 혹은 상태가 발생할 수 없다.

A: 지난 주말에 뭐 했어요?
B: 도서관에 **가서** 시험공부를 했어요.
　　　전제　　　　　목적

> 앞절의 행위인 '도서관에 갔다'는 뒷절의 행위인 '시험공부를 했다'의 전제가 되고, 시험공부를 한 것은 도서관에 간 것의 목적이 된다. 다시 말해, 도서관에 간 목적은 시험공부를 하기 위한 것이며 화자가 도서관에 간 행위 없이는 시험공부를 한 행위가 일어날 수 없음을 나타낸다.

수미는 편지를 **써서** 부쳤습니다.
사과를 물에 **씻어서** 먹었습니다.
수박을 **잘라서** 먹어야 합니다.
여기 **앉아서** 기다리세요.
나는 보통 침대에 **누워서** 책을 읽어요.

② 형태

ㅏ, ㅗ	가다	가+아서	가서
ㅏ, ㅗ가 아닌 경우	먹다	먹+어서	먹어서
하다	하다	하+여서	해서

■ 어간의 마지막 음절에 ㅏ, ㅗ가 있으면 어간+아서가 되고, ㅏ, ㅗ 이외의 모음이 있으면 어간+어서가 된다. 단, 하다는 해서가 된다.

38 −아/어서 (이유), **06** −고 (선후 관계)

문법 비교 '−아/어서 (계기)'와 '−고 (선후 관계)'

• −아/어서 (계기)	앞절의 행동의 결과가 뒷절의 행동까지 이어졌음을 강조. 앞절의 행동없이는 뒷절의 행동이 일어날 수 없음을 강조.
• −고 (선후 관계)	시간적인 앞뒤 순서를 강조.

'−고'는 단순히 시간적인 앞뒤 순서만을 나타내지만, '−아서'는 앞뒤 순서를 나타낼 뿐만 아니라 앞절의 행동이 없이는 뒷절의 행동이 일어날 수 없음을 나타낸다. 따라서 선후 관계를 강조하고 싶을 때는 '−고'를 사용하고, 앞절의 행동의 결과가 뒷절의 행동까지 이어졌음을 강조하고 싶을 때 '−아/어서'를 사용한다.

- A는 앞절의 행위(마이클을 만남)가 뒷절의 행위(학교에 감)보다 시간상 먼저 일어났음을 의미한다. 화자가 마이클을 만난 후에 학교에 갔다는 것을 강조한다.
- B는 마이클을 만난 상태가 학교에 간 것까지 유지되었음을 강조한다. 즉, 마이클을 만났고, 그 후에 마이클과 함께 학교에 갔다는 것을 의미한다.

주의하세요!

- −았/었− + −아/어서 (×)

'−아/어서 (이유)'와 마찬가지로 '−아/어서 (계기)'의 앞에도 시제 표현이 나타날 수 없습니다.

- 어제 학교에 <u>갔어서</u> 운동했다. (×)
- 어제 학교에 <u>가서</u> 운동했다. (○)

연습 1 '-아/어서'를 사용해서 대화를 완성하십시오.

1. A: 이번 휴가에 뭘 하고 싶어요?

   B: 하와이에 <u>가서</u> 서핑을 하고 싶어요.
   　　　　　(가다)

2. A: 내일 문화수업에 민속촌에 가지요?

   　민속촌에 어떻게 가요?

   B: 우리 반 모두 학교 정문에서 _____________ 학교 버스로 같이 갈 거예요.
   　　　　　　　　　　　　　　　(만나다)

3. A: 마이클 씨는 혼자 살지요?

   　식사는 어떻게 해결해요?

   B: 저는 요리하는 걸 좋아해요. 그래서 직접 _________________ 먹어요.
   　　　　　　　　　　　　　　　　　　　(요리하다)

4. A: 한국 사람들은 누구나 김치를 만들 수 있어요?

   B: 아니에요. 저는 김치 못 담글 줄 몰라요.

   　저는 보통 김치를 _____________ 먹어요.
   　　　　　　　　　　　(사다)

5. A: 지하철에 빈 자리가 있었어요?

   B: 네, 빈 자리가 많았어요.

   　그래서 _____________ 왔어요.
   　　　　　　(앉다)

연습 2 '-아/어서'와 '-고' 중에서 적절한 것을 선택해서 대화를 완성하십시오.

1. A: 주말에 뭐 할 거예요?

   B: 명동에서 친구를 (만나고, 만나서) 같이 영화 보러 갈 거예요.

2. A: 저녁에는 보통 뭐 해요?

   B: 학교에서 돌아오면 청소하고 음식을 (만들고, 만들어서) 먹어요.

3. A: 오늘 수업 후에 시간이 있어요?

   B: 오늘은 할 일이 좀 많아요.

   수업 끝나면 도서관에 가서 책을 (반납하고, 반납해서) 아르바이트하러 가야 돼요.

4. A: 보통 몇 시에 출근해요?

   B: 출근 시간은 9시까지지만 저는 7시 반쯤에 버스를 타러 가요.

   7시 반쯤에 버스를 타면 (앉고, 앉아서) 갈 수 있어요.

5. A: 왜 닭고기를 사요?

   B: 오늘 저녁에 닭고기를 (사고, 사서) 치킨 샐러드를 만들려고요.

6. A: 아침에 일어나면 제일 먼저 뭘 해요?

   B: 일어나자마자 먼저 물을 한잔 (마시고, 마셔서) 화장실에 가요.

38 -아/어서 (이유)

① 의미

-아/어서는 앞절의 내용이 뒷절의 내용의 원인 혹은 이유임을 나타낸다.

    A: 어제 왜 학교에 안 왔어요?
    B: 배가 많이 **아파서** 학교에 올 수 없었어요.

    늦잠을 **자서** 수업에 늦었습니다.
    아이스크림을 너무 많이 **먹어서** 배탈이 났습니다.
    어제는 숙제가 너무 **많아서** 늦게 잤어요.

② 형태

ㅏ, ㅗ	가다	가+아서	가서
ㅏ, ㅗ가 아닌 경우	먹다	먹+어서	먹어서
하다	하다	하+여서	해서

- 어간의 마지막 음절에 ㅏ, ㅗ가 있으면 어간+아서가 되고, ㅏ, ㅗ 이외의 모음이 있으면 어간+어서가 된다. 하다는 여서가 붙어 해서가 된다.

③ 관련 문법

57 -(으)니까, **37** -아/어서 (계기)

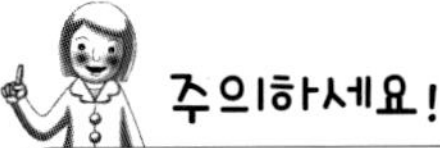

① 았/었+아/어서 (×)

'-아/어서' 앞에는 '-았/었-'과 같이 시제를 나타내는 표현이 올 수 없습니다.

- 어제 감기에 <u>걸렸어서</u> 산에 못 갔습니다. (×)
- 어제 감기에 <u>걸려서</u> 학교에 못 갔습니다. (○)

② -아/어서 + 명령형, 청유형 (×)

'-아/어서'는 뒷절에 명령형 '-(으)세요', 청유형 '-(으)ㅂ시다, -(으)ㄹ까요' 등의 종결 어미가 올 수 없습니다. 이유를 제시하고 명령·청유·제안을 할 때는 '-(으)니까'를 써야 합니다.

- 길이 <u>막혀서</u> 지하철로 갑시다. (×)
- 길이 <u>막히니까</u> 지하철로 갑시다. (○)

 다음 동사 활용표를 완성하십시오.

기본형	-아/어서	기본형	-아/어서
가다	가서	쉬다	
공부하다		만나다	
보다		그리다	그려서
먹다	먹어서	읽다	
만들다	만들어서	살다	
되다	되어서/돼서	듣다	
덥다		춥다	추워서

연습 2 '-아/어서'를 사용해서 다음 대화를 완성하십시오.

1. A: 제니 씨 동생도 술을 마실 수 있어요?

   B: 아니요, 동생은 아직 나이가 ＿＿＿＿＿＿＿＿ 술을 마시면 안 돼요.
   (어리다)

2. A: 어제 왜 그렇게 일찍 잤어요?

   B: 너무 ＿＿＿＿＿＿＿＿ 일찍 잤어요.
   (피곤하다)

3. A: 왜 배탈이 났어요?

   B: 찬 것을 많이 ＿＿＿＿＿＿＿＿ 배탈이 났어요.
   (먹다)

4. A: 제주도 여행을 왜 취소했어요?

   B: ＿＿＿＿＿＿＿＿＿＿ 올해는 못 갈 것 같아요. 내년에 가야겠어요.
   (돈이 없다)

5. A: 왜 또 지각했어요?

   B: 죄송합니다. 어제 너무 ＿＿＿＿＿＿＿＿＿＿ 일찍 일어날 수가 없었어요.
   (늦게 자다)

 관련이 있는 것과 연결하고, '-아/어서'를 사용해서 문장을 완성하십시오.

1. 수진 씨는 일어를 잘합니다 · · 고생을 했습니다

2. 오늘 아침에 바빴습니다 · · 여자들에게 인기가 좋습니다

3. 유미는 머리가 좋습니다 · · 아침을 굶었습니다

4. 민호는 얼굴이 잘 생겼습니다 · · 단어를 잘 외웁니다

5. 한국 음식이 입에 안 맞습니다 · · 일본 친구가 많습니다

1. 수진 씨는 일어를 잘해서 일본 친구가 많습니다　　　　　　　　.

2. ＿＿＿＿＿＿＿＿＿＿＿＿＿＿＿＿＿＿＿＿＿＿＿＿＿＿.

3. ＿＿＿＿＿＿＿＿＿＿＿＿＿＿＿＿＿＿＿＿＿＿＿＿＿＿.

4. ＿＿＿＿＿＿＿＿＿＿＿＿＿＿＿＿＿＿＿＿＿＿＿＿＿＿.

5. ＿＿＿＿＿＿＿＿＿＿＿＿＿＿＿＿＿＿＿＿＿＿＿＿＿＿.

연습 4 맞는 것을 선택하십시오.

1. A: 어제 왜 늦게 잤어요?
   B: 숙제가 너무 (많아서, 많았어서) 늦게 잤어요.

2. A: 토요일에 마이클 씨 생일 파티에 왜 안 왔어요?
   B: 감기에 (걸려서, 걸렸어서) 파티에 갈 수 없었어요.

3. A: 아침에 여러 번 전화했는데 왜 전화 안 받았어요?
   B: 미안해요. 도서관에 (있어서, 있었어서) 전화 못 받았어요.

39 -아/어야 하다

① 의미

-아/어야 하다는 의무적으로 해야 하는 행위나 꼭 필요한 상태임을 나타낸다. 구어체에서는 주로 -아/어야 되다로 쓰인다.

> A: 도서관에서 공부하고 싶은데, 뭐가 필요해요?
> B: 도서관에 들어가려면 학생증이 **있어야 합니다.**
>
> 한국 남자들은 군대에 **가야 합니다.**
> 시험을 잘 보려면 공부를 열심히 **해야 합니다.**
> 결혼식에 갈 때는 정장을 **입어야 돼요.**

② 형태

ㅏ, ㅗ	가다	가+아야 하다	가야 하다
ㅏ, ㅗ가 아닌 경우	먹다	먹+어야 하다	먹어야 하다
하다	숙제하다	숙제하+여야 하다	숙제해야 하다

- 어간의 마지막 음절에 ㅏ, ㅗ가 있으면 어간+아야 하다가 되고, ㅏ, ㅗ 이외의 모음이 있을 경우에 어간+어야 하다가 된다. 하다 동사는 해야 하다가 된다.

③ 관련 문법

73 -(으)면 안 되다, **36** -아/어도 되다

문법 비교 '-아/어야 하다'와 '-지 않으면 안 되다'

두 표현 모두 해야만 하는 일(의무, 당위성)을 나타내는 유사한 표현이다.

> 매일 숙제를 **해야 합니다.**
> 매일 숙제를 **하지 않으면 안 됩니다.**

문법 비교 '-아/어야 하다'와 '-지 않아도 되다'

'-아/어야 하다'가 '의무 혹은 당위'를 나타내는 것과 반대로, '-지 않아도 되다'는 '의무가 아님', 혹은 '당위성이 없음'을 나타낸다.

> A: 우산을 **가져가야 합니까?**
> B: 아니요, 우산을 **가져가지 않아도 됩니다.**

연습 1 '-아/어야 하다'를 사용해서 표를 완성하십시오.

기본형	-아/어야 하다	기본형	-아/어야 하다
가다		쉬다	
공부하다		만나다	만나야 하다
먹다		읽다	읽어야 하다
입다	입어야 하다	앉다	
만들다		살다	살아야 하다
듣다	들어야 하다	걷다	
돕다		줍다	주워야 하다

연습 2 '-아/어야 하다'를 사용해서 다음 문장을 완성하십시오.

1. 면접시험을 볼 때는 <u>정장을 입어야 합니다</u>.
                 (정장, 입다)

2. 실내 수영장에서는 ___________________________.
               (수영 모자, 쓰다)

3. 해외여행을 하려면 ___________________________.
               (여권, 있다)

4. 한국어를 잘하고 싶으면 매일 ___________________________.
               (예습과 복습, 하다)

5. 운전할 때는 ___________________________.
               (안전벨트, 매다)

6. 살을 빼고 싶으면 ___________________________.
               (규칙적으로 운동하다)

7. 한국에서 대학에 진학하려면 ___________________________.
               (한국어능력시험, 보다)

8. 패션모델이 되려면 ___________________________.
               (키, 크다)

40 -아/어요

1 의미

아/어요는 형용사나 동사에 붙어 서술어를 만든다. 격식을 갖추지 않아도 되는 비공식적인 구어체 대화 (일상적인 대화)에 주로 쓰인다. 의문형은 동일한 형태로 끝부분만 높여 발음하면 된다.

> A: 주말에 보통 뭐 **해요?**
> B: 주말에 보통 친구들과 영화를 **봐요.**
>
> 마이클 씨는 불고기를 **좋아해요.**
> 저는 보통 아침에 커피를 **마셔요.**
> 주말에 보통 가족들과 **외식을 해요.**

2 형태

ㅏ, ㅗ	가다	가+아요	가요
	좋다	좋+아요	좋아요
ㅏ, ㅗ가 아닌 경우	서다	서+어요	서요
	먹다	먹+어요	먹어요
	마시다	마시+어요	마셔요
하다	공부하다	공부하+여요	공부해요
르탈락	모르다	몰르+아요	몰라요
ㄷ불규칙	듣다	들+어요	들어요
ㅂ불규칙	덥다	더우+어요	더워요
ㅡ탈락	크다	ㅋ+어요	커요

- 어간의 마지막 음절에 ㅏ, ㅗ가 있으면 어간+아요가 되고, ㅏ, ㅗ 이외의 모음이 있으면 어간+어요가 된다. 하다로 끝나는 경우는 해요가 된다.

3 관련 문법

31 -(스)ㅂ니다

-(스)ㅂ니다 (격식 구어체)	-아/어요 (비격식 구어체)
• 나보다 윗사람을 높일 때 사용하는 말투 • 격식을 갖춘 정중한 말투 • 뉴스 방송이나 여러 사람 앞에서 발표를 할 때 등과 같이 공식적인 자리에서 사용	• 나보다 윗사람이거나 윗사람은 아니지만 낮추어서 말하고 싶지 않을 때 사용하는 말투 • '-(스)ㅂ니다'에 비해 비격식적 • 선배, 직장 동료와 사적으로 대화를 할 때, 상점에서 점원과 손님이 대화할 때와 같이 사적인 자리에서 사용

'-(스)ㅂ니다'와 '-아/어요'는 둘 다 듣는 사람을 높이는 말투이다. 다만, '-(스)ㅂ니다'는 '-아/어요'에 비해 좀더 정중하고 격식을 차리는 말투라는 차이가 있다. 그런데 우리가 자주 처하게 되는 일반적인 일상생활에서는 두 말투를 적절히 섞어서 사용한다(예외: 군대와 같은 극도로 격식적인 환경에서는 거의 모든 상황에서 '-(스)ㅂ니다'를 사용).

예를 들어, 한국어 수업에서 교사는 전체 학생들을 대상으로 문법 설명을 하거나 지시를 할 때는 '-(스)ㅂ니다'와 '-아/어요'를 섞어 쓰고, 수업 중이라도 학생의 개인적인 질문에 답을 하거나 쉬는 시간에 학생들과 담소를 나눌 때는 주로 '-아/어요'를 쓴다.

 다음 활용표를 완성하십시오.

기본형	-아/어요	기본형	-아/어요	기본형	-아/어요
만나다	만나요	먹다		앉다	
살다		쉬다		청소하다	
가다		읽다	읽어요	전화하다	
오다		입다		그리다	
쓰다		팔다		쇼핑하다	쇼핑해요
예쁘다		듣다		춥다	
자르다		걷다		덥다	

연습 2 '-아/어요'를 사용해서 다음 문장을 완성하십시오.

1. 저는 지금 학교에 ______가요______.
                         (가다)

2. 저는 요즘 한국어를 ____________________.
                           (공부하다)

3. 저는 한 달에 한 번쯤 어머니께 편지를 ____________________.
                      (쓰다)

4. 한국은 여름에 아주 ____________________.
                     (덥다)

5. 마이클 씨는 미장원에서 머리를 ____________________.
                     (자르다)

6. 저는 대학생____________________.
               (이다)

제 이름은 왕명<u>입니다</u>. 저는 서울에 있는 컴퓨터 회사에 <u>다닙니다</u>. 저는 보통 아침 7시에 <u>일어납니다</u>. 아침에는 보통 빵을 <u>먹습니다</u>. 그리고 출근 준비를 <u>합니다</u>. 회사까지 지하철로 30분쯤 <u>걸립니다</u>. 지하철에서는 보통 mp3를 <u>듣습니다</u>. 근무 시간은 9시부터 6시까지<u>입니다</u>. 요즘은 회의가 많이 <u>있습니다</u>. 퇴근 후에는 회사 동료들과 같이 저녁을 먹고 맥주를 <u>마십니다</u>. 보통 8시쯤에 집에 <u>돌아갑니다</u>. 한국 생활이 참 <u>재미있습니다</u>.

⇩

제 이름은 <u>왕명이에요</u>. 저는 서울에 있는 컴퓨터 회사에 ___________________. 저는 보통 아침 7시에 ___________________. 아침에는 보통 빵을 ___________________. 그리고 출근 준비를 ___________________. 회사까지 지하철로 30분쯤 ___________________. 지하철에서는 보통 mp3를 ___________________. 근무 시간은 9시부터 6시까지___________________. 요즘은 회의가 많이 ___________________. 퇴근 후에는 회사 동료들과 같이 저녁을 먹고 맥주를 ___________________. 보통 8시쯤에 집에 ___________________. 한국 생활이 참 ___________________.

41 안, -지 않다

1 의미

안과 -지 않다는 동사와 형용사를 부정할 때 사용된다. 안은 구어체에서 많이 쓰이고, -지 않다는 문어체에서 많이 쓰인다.

① 안

A: 토요일에 회사에 갑니까?
B: 아니요, **안** 갑니다.

수박이 **안** 커요.
기분이 **안** 좋아요.
오늘 학교에 **안** 가요.
저는 주말에는 공부 **안** 해요.

② -지 않다

저는 키가 크**지 않습니다**.
날씨가 좋**지 않습니다**.
저는 술을 마시**지 않습니다**.
학교 식당은 일요일에 문을 열**지 않습니다**.

2 형태

① 안

형용사	크다 높다	**안** 크다 **안** 높다
동사	가다 먹다 공부하다 청소하다	**안** 가다 **안** 먹다 공부 **안** 하다 청소 **안** 하다

■ 안+A/V가 된다. 다만 N하다형태의 동사들은 N+안+하다가 된다. N하다 형태의 동사는 N(을/를) 하다의 구성이기 때문에, N과 하다가 분리되고, 안이 그 사이에 오게 된다.

② -지 않다

형용사	크다	크+지 않다	크지 않다
	높다	높+지 않다	높지 않다
동사	가다	가+지 않다	가지 않다
	먹다	먹+지 않다	먹지 않다

■ 어간+지 않다가 된다.

③ 관련 문법

 못, -지 못하다

주의하세요!

- 저는 술을 안 좋아해요.(○)
- 저는 술을 좋아 안 해요.(×)

- 우리 학교 화장실은 안 깨끗합니다.(○)
- 우리 학교 화장실은 깨끗 안 합니다.(×)

'좋아하다'는 'N하다' 형태가 아니므로, 그 부정형은 '좋아 안 하다'가 아니라, '안 좋아하다'입니다.
'깨끗하다'의 부정형 역시 '안 깨끗하다'가 맞습니다.

연습 1 '안'과 '-지 않다'를 사용해 활용표를 완성하십시오.

기본형	안	-지 않다
예쁘다	안 예쁘다	
좋다		
덥다		덥지 않다
깨끗하다		
오다		
읽다	안 읽다	
가르치다		
운동하다		운동하지 않다
숙제하다	숙제 안 하다	

연습 2 '-지 않다'를 사용해서 문장을 바꿔 보십시오.

1. 저는 일요일에는 공부 안 해요. ➜ 저는 일요일에는 공부하지 않습니다.

2. 김치가 안 맵습니다. ➜ 김치가 _______________________.

3. 바람이 안 붑니다. ➜ 바람이 _______________________.

4. 오늘은 안 춥습니다. ➜ 오늘은 _______________________.

5. 저는 요리 안 해요. ➜ 저는 _______________________.

6. 왕명 씨는 키가 안 커요. ➜ 왕명 씨는 키가 _______________________.

7. 샤오링 씨는 술을 안 마셔요. ➜ 샤오링 씨는 술을 _______________________.

연습 3 '안'을 사용해서 문장을 완성하십시오.

1.

왕명 씨는 주말에 <u>학교에 안 갑니다</u>.

학교, 가다

2.

읽다

민호 씨는 책을 ____.

3.

요리하다

유코 씨는 ____.

4.

숙제하다

마이클 씨는 ____.

5.

깨끗하다

집이 ____.

6.

출근하다

존 씨는 ____.

7.

외식하다

제니퍼 씨는 ____.

8.

운동하다

진수 씨는 ____.

① 의미

-았/었어요는 과거에 한 행동임을 나타낸다. 말하는 것보다 이전에 한 행동이나 과거에 습관적으로 했던 일, 이미 완료된 일을 말할 때 사용된다.

> A: 어제 뭐 **했어요?**
> B: 영화를 **봤어요.** 영화가 아주 **재미있었어요.**
>
> 조금 전에 **왔어요.**
> 저는 5년 전에는 **고등학생이었습니다.**
> 이 옷은 작년 겨울에 **샀어요.**

② 형태

ㅏ, ㅗ	가다	가+았습니다	갔습니다
	좋다	좋+았습니다	좋았습니다
ㅏ, ㅗ가 아닌 경우	서다	서+었습니다	섰습니다
	먹다	먹+었습니다	먹었습니다
하다	공부해요	공부하+였습니다	공부했습니다
르탈락	모르다	몰르+았습니다	몰랐습니다
ㄷ불규칙	듣다	들+었습니다	들었습니다
ㅂ불규칙	덥다	더우+었습니다	더웠습니다
ㅡ탈락	크다	ㅋ+었습니다	컸습니다

- 어간의 마지막 음절에 ㅏ, ㅗ가 있으면 어간+았습니다가 되고, ㅏ, ㅗ 이외의 모음이 있으면 어간+었습니다가 된다. 하다로 끝나는 경우는 했습니다가 된다.

③ 관련 문법

43 -았었/었었-

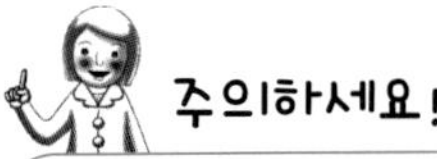

- 이였습니다 (×)
- 이었습니다 (○)

저는 작년까지 학생이였습니다. (×)
저는 작년까지 학생이었습니다. (○)

'-이다'의 과거형은 '이다' 앞에 오는 명사의 마지막 음절에 받침이 없으면, '-였습니다'가 되고, 받침이 있으면 '-이었습니다'가 됩니다. 철자를 혼동해서 '-이였습니다'라고 하는 사람이 많은데 '이었습니다'가 맞습니다. 정확한 철자를 기억해 두십시오!

| 받침 ○ | 우유 | 우유+였습니다 | 우유였습니다 |
| 받침 × | 학생 | 학생+이었습니다 | 학생이었습니다 |

연습 1 '–았/었습니다'를 사용해서 다음 표를 완성하십시오.

기본형	-았/었습니다	기본형	-았/었습니다
읽다	읽었습니다	작다	작았습니다
말하다		예쁘다	
걷다		크다	
쓰다		많다	많았습니다
신다	신었습니다	높다	
살다		빠르다	
다니다		춥다	
자르다	잘랐습니다	쉽다	
줍다		길다	길었습니다
입다		느리다	

연습 2 '–았/었어요'을 사용해서 다음을 완성하십시오.

1. 지난 주말에는 집에서 ＿＿＿＿＿＿＿＿＿＿＿＿＿.
   (쉬다)

2. 오늘 아침에 너무 ＿＿＿＿＿＿＿＿. 그래서 신문을 못 ＿＿＿＿＿＿＿＿＿.
   (바쁘다) (보다)

3. 어젯밤에 음악을 ＿＿＿＿＿＿＿＿＿＿＿.
   (듣다)

4. A: 책을 다 ＿＿＿＿＿＿＿＿＿＿?
   (읽다)
   B: 아니요, 아직 다 못 ＿＿＿＿＿＿＿＿＿＿.
   (읽다)

5. A: 어제 뭐 _______________________?
        (하다)

 B: 친구와 같이 한국 영화를 _______________________.
             (보다)

6. A: 언제 _______________________?
       (오다)

 B: 조금 전에 _______________________.
        (오다)

연습 3 '-았/었습니다'를 사용해서 다음을 어제 일어난 일로 바꿔 쓰십시오.

저는 보통 아침에 일어나서 제일 먼저 신문을 봅니다. 그리고 화장실에 갑니다. 그리고 30분 정도 자전거를 탑니다. 조깅한 후에 샤워를 합니다. 그리고 아침을 먹습니다. 아침 식사 후에 옷을 갈아입습니다. 9시부터 6시까지는 회사에서 일합니다. 퇴근 후에는 친구들과 맥주를 마십니다.

⇩

어제 저는 아침에 일어나서 제일 먼저 신문을 _봤습니다_. 그리고_______________________

____

____

____

____.

43 -았었/었었-

① 의미

-았었/었었은 과거의 어떤 상황이 계속되지 않고 상황이 바뀌었음을 나타낸다.

저는 한국에 오기 전에는 김치를 못 **먹었었어요.**
그런데 지금은 잘 먹어요.

나는 마이클 씨를 **좋아했었어요.**
작년에는 주말마다 등산을 **했었습니다.**
저는 고등학교 때는 키가 **작았었습니다.**

② 형태

ㅏ, ㅗ	가다	가+았었다	갔었다
ㅏ, ㅗ가 아닌 경우	먹다	먹+었었다	먹었었다
하다	공부하다	공부하+였었다	공부했었다

■ 어간의 마지막 음절에 ㅏ, ㅗ가 있으면, 어간+았었다가 붙고, ㅏ, ㅗ 이외의 모음이 있으면 어간+었었다가 붙는다. 하다의 경우는 했었다가 된다.

③ 관련 문법

42 -았/었-

● -았/었- (과거)	과거에 일어난 일·행동이 현재까지 상태가 유지되고 있음.
● -았었/었었- (과거완료)	과거에 완료된 상황이 유지되지 않음. 변화가 생김.

'-았/었-'은 어떠한 행동이나 사건이 단순히 과거에 일어났음을 나타내거나 어떤 행동이나 사건이 완료되어 말하는 현재까지 그 상태가 유지되고 있음을 나타낸다. 그와 달리 '-았었/었었-'은 과거에 완료된 상황이 유지되지 않고 단절되었거나 상황에 변화가 일어났음을 나타낸다.

'-았/었'과 '-았었/었었'은 기본적으로 각각 완료와 현재와 비교하여 다르거나 단절되어 있는 과거의 사건을 나타낸다. 하지만, 과거를 나타내는 '-았/었-'이 '-았었/었었-'의 의미를 포괄하는 경우도 있기 때문에 둘의 구분이 뚜렷하지는 않을 때도 많다.

- 나는 작년에 경복궁에 갔습니다.
  = 나는 작년에 경복궁에 갔었습니다.

- 제주도에 갔을 때 회를 먹었다.
  = 제주도에 갔을 때 회를 먹었었다.

 '-았었/었었-'을 사용해서 다음을 완성하십시오.

1. 한국에 오기 전에는 김치를 안 <u>먹었었는데</u> 지금은 잘 먹습니다.
　　　　　　　　　　　　　　(먹다)

2. 고등학교 때는 머리가 ＿＿＿＿＿＿＿＿＿. 그런데 지금은 단발머리입니다.
　　　　　　　　　　　　　(길다)

3. 작년까지 신촌에 ＿＿＿＿＿＿＿＿＿, 지금은 압구정동에 살아요.
　　　　　　　　　　　　(살다)

4. 학생 때는 ＿＿＿＿＿＿＿＿＿. 그런데 지금은 다이어트를 해서 날씬한 편이에요.
　　　　　　　　(뚱뚱하다)

5. 저는 어렸을 때 키가 ＿＿＿＿＿＿＿＿＿. 그런데 지금은 키가 큰 편이에요.
　　　　　　　　　　　　　(작다)

6. 결혼 전에는 김치를 못 ＿＿＿＿＿＿＿＿＿. 그런데 요리학원에 다녀서 지금은 잘 만들어요.
　　　　　　　　　　　　(만들다)

7. 작년에는 매일 ＿＿＿＿＿＿＿＿＿, 요즘은 운동을 전혀 안 해요.
　　　　　　　　　(운동하다)

연습 2 '-았/었-'과 '-았었/었었-' 중 적절한 것을 선택하십시오.

1. A: 마이클 씨 오늘 여기 안 왔어요?

   B: 아침에 (왔어요, 왔었어요). 가방만 두고 도서관에 갔어요.

2. A: 왕밍 씨, 담배 끊었어요?

   B: 네, 작년까지 담배를 (피웠어요, 피웠었어요). 하지만 올해 초부터 금연하고 있어요.

3. A: 민호 씨는 고등학교 때도 영어를 잘했어요?

   B: 네, 저는 고등학교 때도 영어를 (잘했어요, 잘했었어요).

4. A: 요코 씨, 전화 (왔어요, 왔었어요). 전화 받으세요.

   B: 네, 잠깐만요.

5. A: 수진 씨는 고등학교 때도 날씬했어요?

   B: 아니요, 고등학교 때는 (통통했어요, 통통했었어요).

   대학교 1학년 때 10kg를 뺐어요.

44 -에 (시간)

① 의미

에는 시간 다음에 오는 조사이다.

A: 수업이 언제 끝나요?
B: 두 시**에** 끝나요.

내년**에** 미국에 갈 겁니다.
월요일하고 수요일**에** 수업이 있어요.

다섯 시에	금요일에	8월 1일에	
새벽에	아침에	점심에	저녁에
낮에	밤에	오전에	오후에
봄에	여름에	가을에	겨울에
작년에	올해에	내년에	
지난주에	이번 주에	다음 주에	
한 시간 전에	3일 후에	1년 전에	

② 형태

받침 X	아침	아침+에	아침에
받침 ○	1시	1시+에	1시에

- 명사의 마지막 음절에 받침이 있고 없고에 관계없이 에가 붙는다.

③ 관련 문법

45 에 (위치)

주의하세요!

- '어제, 오늘, 내일, 모레' +에 (×):
  - 내일에 산에 갑시다. (×)
  - 내일 산에 갑시다. (○)

어제, 오늘, 내일, 모레는 명사가 아니라 부사이기 때문에 '에'와 같이 쓰지 않습니다.

연습 1 '에'가 필요한 곳에 '에'를 쓰고, '에'가 필요 없는 곳은 ×표 하십시오.

1. 보통 몇 시에 점심을 먹어요?

2. 오늘 × 뭐 해요?

3. 징징 씨는 오늘＿＿＿ 새벽＿＿＿ 중국으로 돌아갔어요.

4. 내년 봄＿＿＿ 제주도에 갈 겁니다.

5. 저는 올해 8월 7일＿＿＿ 한국에 왔어요.

6. 다음 주＿＿＿ 한국어 시험이 있습니다.

7. 내일＿＿＿ 같이 테니스를 칠까요?

8. 토요일＿＿＿ 만납시다.

9. 어제＿＿＿ 뭐 했어요?

10. 보통 언제＿＿＿ 운동해요?

연습 2 '에'를 사용해서 다음 문장을 완성하십시오.

1. 기차, 몇 시, 출발하다

→ <u>기차가 몇 시에 출발합니까?</u>

2. 수업, 9시, 시작하다

→ ＿＿＿＿＿＿＿＿＿＿＿＿＿＿＿＿＿＿＿＿＿.

3. 에릭 씨, 수업 후, 아르바이트를 하다

→ ＿＿＿＿＿＿＿＿＿＿＿＿＿＿＿＿＿＿＿＿＿.

4. 지난 주말, 어디, 쇼핑하다

→ ＿＿＿＿＿＿＿＿＿＿＿＿＿＿＿＿＿＿＿＿＿?

45 -에 (위치)

1 의미

에는 장소를 나타내는 명사에 붙어 사물이나 사람이 차지하고 있는 장소, 위치를 나타낸다. 이때 에 있다, 에 없다의 형태로 주로 쓰인다. 또, 에는 가다, 오다, 다니다, 놓다 등의 동사와 함께 쓰여 ~(으)로 이동하다의 뜻을 나타내기도 한다.

① 위치

A: 학교 식당은 어디에 있어요?
B: 도서관 옆에 있어요.

저는 지금 학교 정문 앞에 있습니다.
우리 교실은 3층에 있습니다.
기숙사에는 냉장고가 없습니다.

② ~(으)로 이동하다

저는 어제 저녁 식사 후에 공원에 갔습니다.
한국어 배우러 한국에 왔습니다.
제 여동생은 요즘 피아노 학원에 다닙니다.
모자는 탁자 위에 놓으세요.

2 형태

받침 X	학교	학교+에	학교에
받침 ○	식당	식당+에	식당에

- 명사의 마지막 음절에 받침이 있고 없고에 관계없이 에가 붙는다.

3 관련 문법

69 (으)로

146

1. A: 책이 어디______ 있어요?

   B: 책이 책상 위____ 있어요.

2. A: 사과가 어디____ 있어요?

   B: 냉장고 안____ 있어요.

3. A: 커피숍이 어디______ 있어요?

   B: 서점하고 사진관 사이______ 있어요.

4. A: 마이클 씨는 어느 학교______ 다녀요?

   B: 서울대학교____ 다녀요.

5. A: 지금 어디____ 가요?

   B: 백화점______ 선물 사러 가요.

6. A: 이 가방 어디______ 놓을까요?

   B: 의자 밑______ 놓으세요.

연습 2   다음 문장을 완성하십시오.

1. A: 가방이 어디에 있습니까?

   B: <u>책상 위에 있습니다.</u>
        (책상 위)

2. A: 우산이 어디에 있어요?

   B: _______________________________.
          (의자 뒤)

3. A: 어디에 가요?

   B: _______________________________.
          (학교)

4. A: 꽃집이 어디에 있어요?

   B: _______________________________.
        (편의점, 사진관 사이)

46 에게/한테, 에게(서)/한테(서)

① 의미

에게/한테는 여격조사로 행위를 받는 대상을 나타내며, 주로 주다, 보내다와 같이 쓰인다. 에게서/한테서는
행위가 비롯된 대상을 나타내며, 주로 받다와 함께 쓰인다. 에게, 에게서는 격식적인 상황에서 사용되고,
한테, 한테서는 비격식적인 상황에서 주로 사용된다.

A: 누구에게 이메일을 보냈어요?
B: 징징 씨에게 이메일을 보냈어요.

그 사람에게서 편지가 왔어요.
그 가방은 나한테 주십시오.
이것은 언니한테서 받은 꽃이에요.
할머니께 편지를 보냈어요.

② 형태

받침 X	친구	친구에게	친구한테	친구에게서	친구한테서
받침 ○	학생	학생에게	학생한테	학생에게서	학생한테서

■ 마지막 음절에 받침이 있음과 없음에 관계없이 N+에게/한테, 에게서/한테서가 된다.

> '에게서'와 '한테서'는 '서'를 생략한 '에게', '한테'로도 쓰인다.
>
> 동생에게 받았어요. = 동생에게서 받았어요.
> 친구한테서 받았어요. = 친구한테 받았어요.

'에게/한테'의 높임말 표현은 '께'이고, '에게서/한테서'의 높임말 표현도 '께'이다.

어머니**께** 선물을 드렸어요.

어머니**께** 꽃을 받았어요.

문법 비교 '에게'와 '에'

- 유정명사(스스로 움직일 수 있는 것) + 에게
- 무정명사(스스로 움직이지 못하는 것) + 에

개**에게** 먹이를 주었습니다.

꽃**에** 물을 주었습니다.

주의하세요!

- 기관, 단체 + 에게 (×)
- 기관, 단체 + 에게 (○)

  - 시청**에게** 이메일을 보냈어요.(×)   시청**에** 이메일을 보냈어요.(○)
  - 학생회**에게** 편지를 보냈어요.(×)   학생회**에** 편지를 보냈어요.(○)

'에게/한테, 에게서/한테서'는 사람에만 쓰일 수 있습니다. 기관, 단체 등에는 '에'를 사용하십시오!

연습 1 '에게, 에게서, 께, 에' 중에서 적절한 것을 골라 문장을 완성하십시오.

1. 나는 오늘 여자 친구 <u>에게</u> 꽃을 줬습니다.

2. 아침마다 꽃______ 물을 줍니다.

3. 학교______ 이메일을 보내세요.

4. 강아지______ 초콜릿을 주면 안 됩니다.

5. 왕밍 씨가 저______ 만 원을 줬어요.

6. 할머니 생신에 할머니______ 선물을 드렸어요.

7. 다른 사람들______ 말하지 마세요.

8. 이건 할아버지______ 받은 가방입니다.

9. 저는 생일에 마이클 씨______ 책을 한 권 받았습니다.

10. 고양이________ 먹이를 너무 많이 주면 안 돼요.

전부 암기해 버리세요!

공부한 표현들이 필요한 순간에 입에서 술술 나오게 하는 방법이 없을까요? 방법이 있습니다. 예문이나 대화 자체를 모두 암기해 버리면 됩니다. (물론 외울 때는 소리 내서!)

교재에 나오는 예문이나 짧은 대화를 외우는 것도 좋고, 드라마나 영화의 대사를 외우는 것도 좋습니다. 문법을 공부할 때도, 의미와 활용법을 이해한 후에는 마음에 드는 예문 몇 개를 외워 두는 게 좋습니다.

예문을 암기하는 것은 운동선수가 새로운 기술을 익힐 때, 반복적인 훈련을 통해 기술이 몸에 배도록 하는 것과 같습니다. 표현 하나하나 예문 하나하나를 내 것으로 만드세요. 그러면 어느 순간 말이 트여서 한국어가 입에서 술술 나오게 될 거예요!

47 -에서

1 의미

에서는 장소를 나타내는 명사에 붙어, 어떤 행동이나 상태가 일어나고 있는 장소를 나타낸다. 또, 에서와 방향을 나타내는 동사가 함께 쓰일 때는 에서는 출발점을 의미하게 된다.

① 장소

A: 점심은 보통 어디**에서** 드세요?

B: 저는 보통 학교 식당**에서** 먹어요.

저는 보통 학교 도서관**에서** 공부합니다.

저녁은 보통 집**에서** 먹습니다.

우리 가족은 모두 뉴욕**에서** 삽니다.

② 출발점

마르코 씨는 이탈리아**에서** 왔습니다.

학교**에서** 명동으로 갑니다.

2 형태

받침 X	식당	식당+에서	식당에서
받침 ○	학교	학교+에서	학교에서

- 명사의 마지막 음절에 받침이 있고 없고에 관계없이 에서가 붙는다.

3 관련 문법

45 에 (위치)

문법 비교 '에서'와 '에(위치)'

'-에'는 이동의 방향을 나타내는 데 반해, '-에서'는 행동이나 상태가 일어나고 있는 장소를 나타낼 뿐 이동의 방향을 나타내지는 않는다. 일반적으로 '에'와 함께 쓰이는 동사로는 '있다, 없다, 가다, 오다, 다니다'가 있으며, 다른 동사들은 주로 '에서'와 함께 쓰인다.

- 한국어 책은 책상 위<u>에서</u> 있습니다. (×)　　한국어 책은 책상 위<u>에</u> 있습니다. (○)
- 저는 보통 도서관<u>에</u> 공부합니다. (×)　　저는 보통 도서관<u>에서</u> 공부합니다. (○)

연습 1 '에', '에서' 중 적절한 것을 선택하십시오.

1. 책이 책상 위(에, 에서) 있습니다.

2. 동생은 지금 집(에, 에서) 없어요.

3. 부모님은 베이징(에, 에서) 계십니다.

4. 토요일에는 회사(에, 에서) 안 갑니다.

5. 주말에는 보통 집(에, 에서) 쉽니다.

6. 은행은 우체국 옆(에, 에서) 있어요.

7. 책상 위(에, 에서) 있습니다.

8. 마이클은 보통 식료품을 시장(에, 에서) 삽니다.

9. 보통 어디(에, 에서) 공부해요?

10. 저는 보통 학교 도서관(에, 에서) 공부합니다.

연습 2 '에'와 '에서'를 사용해서 다음 글을 완성하십시오.

제 친구 하나코는 일본 사람입니다. 하나코는 일본 오사카<u>에서</u> 왔습니다. 하나코는 지금 서울 _____ 삽니다. 하나코는 명동에 있는 컴퓨터 회사______ 다닙니다. 하나코의 집은 신촌_____ 있습니다. 연세대학교 근처_____ 있는 원룸에서 삽니다. 하나코는 주말에는 보통 친구들과 산____ 갑니다. 그렇지만 주말에 비가 오면, 영화관______ 한국 영화를 보러 갑니다. 하나코는 영화관_____ 사 먹는 팝콘을 아주 좋아합니다.

48 와/과, 하고, (이)랑

1 의미

와/과, 하고, (이)랑은 여러 사물 혹은 사람을 나열할 때 사용되는 조사이다. 어떤 행위를 함께하는 대상임을 나타낼 때도 쓰인다. 와/과는 문어와 구어에서 모두 사용되지만, 하고와 (이)랑은 가벼운 구어체에서 주로 쓰인다.

> 명동**과** 청계천은 서울에 있습니다.
> 주말에 보통 친구**와** 영화를 봅니다.
> 비빔밥**하고** 불고기 주세요.
> 동생**이랑** 이야기했어요.

2 형태

① 와/과

받침 X	불고기	불고기+와	불고기와
받침 O	비빔밥	비빔밥+과	비빔밥과

② 하고

받침 X	불고기	불고기+하고	불고기하고
받침 O	비빔밥	비빔밥+하고	비빔밥하고

③ (이)랑

받침 X	불고기	불고기+랑	불고기랑
받침 O	비빔밥	비빔밥+이랑	비빔밥이랑

- 와/과는 앞에 오는 명사의 마지막 음절에 받침이 없으면 와가 되고, 받침이 있으면 과가 된다. 하고는 앞에 오는 명사에 받침 유무에 관계없이 하고가 된다. (이)랑은 앞에 오는 명사의 마지막 음절에 받침이 없으면 랑이 붙고, 받침이 있으면 이랑이 붙는다.

3 관련 문법

⑩ 그리고

문법 비교 '와/과'와 '그리고'

① 와/과: 단어를 연결할 때 사용되고, 문장을 연결할 때 사용될 수 없다.
  예 야구와 축구를 좋아해요.

② 그리고: 단어를 연결할 때도 사용되지만, 구, 문장을 연결할 때도 사용된다.
  예 야구 그리고 축구.
     나는 야구를 좋아합니다. 그리고 축구도 좋아합니다.

1. 책상(와, 과) 의자가 있습니다.

2. 마이클(와, 과) 제인은 모두 캐나다 사람입니다.

3. 맥주(와, 과) 막걸리가 좋아요.

4. 저는 주말에 보통 청소(와, 과) 빨래를 합니다.

5. 저는 이번 주말에 친구들(와, 과) 같이 제주도에 갑니다.

6. 커피 두 잔(랑, 이랑) 녹차 세 잔 주세요.

7. 빵(랑, 이랑) 우유 주세요.

8. 어제 남자친구(랑, 이랑) 싸웠어요.

9. A: 점심에 뭐 먹었어요?
   B: 불고기(랑, 이랑) 비빔밥 먹었어요.

10. A: 제주도에 누구하고 같이 가요?
    B: 유코 씨(랑, 이랑) 같이 가요.

49 -(으)ㄴ (형용사 관형형)

① 의미

-(으)ㄴ은 형용사 뒤에 같이 쓰여 명사를 수식하는 관형형을 만든다. 형용사의 관형형은 -(으)ㄴ(현재), -던(과거), -(으)ㄹ(미래)이 있다.

> A: 어떤 남자를 만나고 싶어요?
> B: 키가 **큰** 사람을 만나고 싶어요.
>
> 저는 가격이 **비싼** 물건은 안 삽니다.
> **높은** 산에 올라가고 싶어요.
> 머리가 **긴** 사람이 수진 씨입니다.
> 저는 **매운** 음식을 좋아합니다.

② 형태

		과거: -던		현재: -(으)ㄴ		미래: -(으)ㄹ	
받침✕	크다	크+던	크던	크+ㄴ	큰	크+ㄹ	클
받침○	높다	높+던	높던	높+은	높은	높+을	높을
ㄹ탈락	길다	길+던	길던	기+ㄴ	긴	기+ㄹ	길
ㅂ불규칙	춥다	춥+던	춥던	추우+ㄴ	추운	추우+ㄹ	추울

- 과거는 어간의 마지막 음절에 받침이 있고 없고에 관계없이 어간+던이 된다. 현재는 어간의 마지막 음절에 받침이 있으면 어간+ㄴ, 받침이 없으면 어간+은이 된다. 미래 혹은 추측을 나타낼 때는 어간의 마지막 음절에 받침이 없으면 어간+ㄹ, 받침이 있으면 어간+을이 된다.

③ 관련 문법

23 -던

연습 1 '-던, -(으)ㄴ, -(으)ㄹ'을 사용해서 다음 문장을 완성하십시오.

1. __예쁜 꽃__을 샀어요.
   (예쁘다, 꽃)

2. ____________________을 좋아하세요?
   (맵다, 음식)

3. 어제 마이클 씨하고 ____________________를 봤어요.
   (재미있다, 영화)

4. ____________________은 사고 싶지 않아요.
   (비싸다, 옷)

5. ____________________을 찾고 있어요.
   (깨끗하다, 호텔)

6. ____________________에 올라갈 거예요.
   (높다, 산)

7. 저는 ____________________ 안 좋아합니다.
   (무섭다, 영화)

8. 한국은 겨울에 ____________ 나라지만, 호주는 겨울에 ____________ 나라입니다.
   (춥다)   (덥다)

9. 저는 ____________ 노래는 별로예요. ____________ 노래를 좋아합니다.
   (시끄럽다)   (조용하다)

50 -(으)ㄴ, -는, -(으)ㄹ (동사 관형형)

① 의미

-(으)ㄴ, -는, -(으)ㄹ은 동사 뒤에 같이 쓰여 명사를 수식하는 관형형을 만든다. 동사의 관형형은 시제에
따라 -(으)ㄴ(과거), -는(현재), -(으)ㄹ(미래)를 나타낸다.

A: 누가 빵을 다 먹었어요?

B: 빵을 다 **먹은** 사람은 왕명 씨예요.

② 형태

		과거: -(으)ㄴ		현재: -는		미래: -(으)ㄹ	
받침×	가다	가+ㄴ	간	가+는	가는	가+ㄹ	갈
받침○	먹다	먹+은	먹은	먹+는	먹는	먹+을	먹을
ㄹ탈락	만들다	만들+ㄴ	만든	만들+는	만드는	만들+ㄹ	만들
ㄷ불규칙	듣다	들+은	들은	듣+는	듣는	들+을	들을
ㅂ불규칙	줍다	주우+ㄴ	주운	줍+는	줍는	주우+ㄹ	주울

- 과거는 어간의 마지막 음절에 받침이 없으면 어간+ㄴ, 받침이 있으면 어간+은이 된다. 현재는 어간의
  마지막 음절에 받침이 있고 없고에 관계없이 어간+는이 된다. 미래는 어간의 마지막 음절에 받침이
  없으면 어간+ㄹ, 받침이 있으면 어간+을이 된다.

③ 관련 문법

23 -던

 '-(으)ㄴ, -는, -(으)ㄹ'을 사용해서 다음 문장을 완성하십시오.

1. 제가 한국에서 자주 <u>먹는 음식</u>은 비빔밥입니다.
                (먹다, 음식)

2. 어제 ________________________이 마음에 안 들어요.
          (사다, 옷)

3. 어제 저녁에 ________________________이 벌써 딱딱하네요.
            (만들다, 빵)

4. 이 노래는 오늘 아침에 라디오에서 ________________________이에요.
                (듣다, 음악)

5. 내일 같이 산에 ________________________ 있어요?
           (가다, 사람)

6. 한국에는 아파트에 ________________________이 많습니까?
            (살다, 사람)

7. 제가 ________________________ 이메일 받았어요?
        (보내다)

8. 이거 어젯밤에 ________________________ 고기예요?
        (굽다)

9. 제가 자주 ________________________ 한국음식은 김치찌개입니다.
        (만들다)

10. 이거 오늘 저녁에 ________________________ 음식이에요?
        (만들다)

연습 2 'A던, A(으)ㄴ, A(으)ㄹ, V(으)ㄴ, V는, V(으)ㄹ'을 사용해서 문장을 완성하십시오.

1. 저는 ________________________ 사람이 좋습니다.
       (재미있다)

2. 이 식당은 서울에서 삼계탕을 가장 ________________ 집입니다.
                (잘하다)

3. 어제 ________________ 영화는 재미없었어요.
       (보다)

4. 이 노래는 제 동생이 ________________________ 노래예요.
           (좋아하다)

5. A: 저기 키가 작고 머리가 ________________ 사람이 왕명 씨예요?
              (짧다)

   B: 아니에요. 그 사람은 왕순 씨예요. 그 옆에 양복을 __________ 사람이 왕명 씨예요.
                                  (입다)

51 -(으)ㄴ/-는 것 같다

① 의미

A(으)ㄴ 것 같다와 V는 것 같다는 말하는 사람의 추측을 나타낸다.

A: 왕명 씨는 한국어를 참 **잘하는 것 같아요.**
B: 아직 잘 못 해요.

한국은 여름에 너무 **더운 것 같아요.**
요즘 비가 너무 많이 **오는 것 같아요.**

② 형태

49 -(으)ㄴ (형용사 관형형), **50** -(으)ㄴ, -는, -(으)ㄹ (동사 관형형)

문법 비교 'A(으)ㄴ 것 같다'와 'A(으)ㄹ 것 같다'

'비싼 것 같아요.'는 이미 가격을 알고 있는데, 그 가격을 비싸다고 생각함을 나타낸다. '비쌀 것 같아요.'는 아직 가격을 모르지만 제품의 질이나 여러 가지 상황을 근거로 비쌀 것으로 추측함을 나타낸다.

'맛있는 것 같아요.'는 그 음식을 먹어 본 적이 있어서 그 음식의 맛을 알고서 맛있다고 생각함을 나타낸다. '맛있을 것 같아요.'는 먹어 보지 못했지만 냄새, 모양 등을 근거로 맛있을 거라고 추측함을 나타낸다.

문법 비교 'V(으)ㄴ 것 같다', 'V는 것 같다', 'V(으)ㄹ 것 같다'

연습 1 '-(으)ㄴ / -는 / -(으)ㄹ 것 같다'를 사용해서 문장을 완성하십시오.

1.

밖에 날씨가 _______________________________.
(춥다)

2.

수진 씨는 드라마를 너무 _______________________________.
(많이 보다)

3.

동생이 _______________________________. 조용해요.
(자다)

4.

너무 많이 _______________________________. 너무 배불러요.
(먹다)

5.

이번 크리스마스에 남자친구에게 선물을 받으면 정말

_______________________________.
(행복하다)

6.

마이클 씨는 아침에 수업 전에 _______________________________.
(농구를 하다)

1. A: 학교 근처 식당 중에서 어디가 맛있어요?

    B: 저는 학교 식당이 _____________________.

        매일 거기서 먹는데, 모든 메뉴가 다 맛있어요.

    (가) 맛있을 것 같아요   (나) 맛있는 것 같아요

    (다) 맛있은 것 같아요   (라) 맛있었는 것 같아요

2. A: '러브'라는 영화 봤어요? 어때요?

    B: 예고편만 봤는데, _____________________.

    (가) 재미있을 것 같아요   (나) 재미있는 것 같아요

    (다) 재미있은 것 같아요   (라) 재미있었는 것 같아요

3. 하늘에 구름이 많이 있고 바람이 불어요. 비가 _____________________.

    (가) 올 것 같아요   (나) 오는 것 같아요

    (다) 온 것 같아요   (라) 왔는 것 같아요

4. 이 김치는 집에서 _____________________. 식당에서 먹는 김치하고 맛이 달라요.

    (가) 만들었는 것 같아요   (나) 만든 것 같아요

    (다) 만들 것 같아요   (라) 만드는 것 같아요

52 -(으)ㄴ 적이 있다/없다

① 의미

-(으)ㄴ 적이 있다/없다는 과거에 경험한 일임을 나타낸다.

> A: 고등학교 때 아르바이트 해 봤어요?
> B: 네, 1학년 여름방학 때 편의점에서 아르바이트를 **한 적이 있어요.**
>
> 너무 배가 고파서 라면을 세 그릇이나 **먹은 적이 있어요.**
> 너무 귀찮아서 사흘 동안 **안 씻은 적이 있어요.**
> 너무 아파서 일주일 동안 **외출 못 한 적이 있어요.**
> 고등학교 때 3년 동안 결석을 **한 적이 없습니다.**

② 형태

받침 X	가다	가+ㄴ 적이 있다	간 적이 있다
받침 ○	먹다	먹+은 적이 있다	먹은 적이 있다
ㄹ탈락	만들다	만들+ㄴ 적이 있다	만든 적이 있다
ㄷ불규칙	듣다	들+은 적이 있다	들은 적이 있다
ㅂ불규칙	줍다	주우+ㄴ 적이 있다	주운 적이 있다

- 어간의 마지막 음절에 받침이 없으면 어간+ㄴ 적이 있다가 되고, 받침이 있으면 어간+은 적이 있다가 된다.

문법 비교 '-아/어 보다'와 '-(으)ㄴ 적이 있다', '-아/어 본 적이 있다'

'-아/어 보다'와 '-(으)ㄴ 적이 있다', '-아/어 본 적이 있다'는 모두 과거에 어떤 일을 경험한 일이 있음을 나타내는 유사한 표현이다.

- 스키를 <u>타 봤습니다.</u>
- 스키를 <u>탄 적이 있습니다.</u>
- 스키를 <u>타 본 적이 있습니다.</u>

연습 1 '-(으)ㄴ 적이 있다'를 사용해서 다음 대화를 완성하십시오.

1. A: 술 마시고 필름이 <u>끊긴 적이 있어요</u>?
         (끊기다)

   B: 아니요, <u>필름이 끊긴 적이 없어요.</u>

2. A: 길에서 큰돈을 _______________________?
                    (줍다)

   B: 아니요, _______________________.

3. A: 한국어 말고 다른 외국어를 _______________________?
                          (배우다)

   B: 아니요, _______________________.

4. A: 길에서 연예인을 _______________________?
                  (만나다)

   B: 아니요, _______________________.

연습 2 '-(으)ㄴ 적이 있다/없다'를 사용해서 다음 사람들이 고등학교 때 경험한 일과 경험 하지 않은 일들에 대해 이야기하십시오.

1.

술을 마시다 ○

왕명 씨는 고등학교 때 <u>술을 마신 적이 있습니다</u>.

2.

소개팅을 하다 ○

유코 씨는 고등학교 때 _____________.

3.

담배를 피우다 ✕

마이클 씨는 고등학교 때 _____________.

4.

반에서 1등을 하다 ✕

징징 씨는 고등학교 때 _____________.

53 -(으)ㄴ 지 (이/가) 되다

① 의미

-(으)ㄴ 지 ~이/가 되다는 시간의 경과를 나타낸다. 어떤 일을 한 지 얼마나 지났음을 나타낼 때 사용된다.
이/가가 생략된 형태로도 많이 쓰이고, 되다 대신 지나다, 넘다를 사용하기도 한다.

> A: 한국어 **배운 지** 얼마나 됐어요?
> B: 한국어 **배운 지** 1년 반 됐어요.
>
> 회사에 **다닌 지** 오래 됐어요.
> 한국에서 **산 지** 2년이 됐습니다.
> 여자 친구와 **사귄 지** 3년 됐어요.
> 마이클 씨가 화장실에 **간 지** 20분이나 지났어요.
> 컴퓨터를 **켠 지** 세 시간이 넘었어요.

② 형태

받침 X	가다	가+ㄴ 지	간 지
받침 O	먹다	먹+은 지	먹은 지
ㄹ탈락	만들다	만들+ㄴ 지	만든 지
ㄷ불규칙	듣다	들+은 지	들은 지
ㅂ불규칙	줍다	주우+ㄴ 지	주운 지

- 어간의 마지막 음절에 받침이 없으면 어간+ㄴ 지가 되고, 받침이 있으면 어간+은 지가 된다.

③ 관련 문법

- '-(으)ㄴ 지 얼마 안 되다': 어떤 일을 한 후 시간이 많이 경과되지 않았음을 나타낸다.

> 이 구두는 산 지 얼마 안 됐어요.
> 이 아파트로 이사 온 지 얼마 안 됐습니다.

주의하세요!

> - '-(으)ㄴ 지 ~이/가 되다'와 '안 -(으)ㄴ 지 ~이/가 되다'는 의미가 같을 때도 있습니다.
>
>   머리를 **감은 지** 이틀 됐어요. = 머리를 **안 감은 지** 이틀 됐어요.
>
>   둘 다 머리를 마지막으로 감은 것이 이틀 전이라는 의미를 가집니다.

연습 1 '-(으)ㄴ 지 ~(이/가) 되다'를 사용해서 대화를 완성하십시오.

1. A: 한국어 잘 하세요?

   B: <u>배운 지 일 년 됐는데</u> 아직 잘 못 해요.
   　　　(배우다, 일 년)

2. A: 언제 결혼하셨어요?

   B: ____________________ 얼마 안 됐어요. 3개월 됐어요.
   　　　　(결혼하다)

3. A: 오늘 저녁에 삼겹살을 먹을까요?

   B: 좋아요. 저도 삼겹살 ____________________ 오래 돼서 먹고 싶었어요.
   　　　　　　　(먹다)

4. A: 클래식 음악을 틀까요?

   B: 좋아요. 클래식을 ____________________ 너무 오래 됐어요.
   　　　　　　　(듣다)

5. A: 부산행 기차가 출발했어요?

   B: 그 기차 ________________________________.
   　　　　　　　(떠나다, 10분)

6. A: 언제부터 집에서 김치를 만들었어요?

   B: 직접 김치를 ________________________________.
   　　　　　　　(만들다, 5년쯤)

연습 2 '-(으)ㄴ 지 ~(이/가) 되다'를 사용해서 대화를 만드십시오.

1. 회사, 다니다 / 3개월

   A: <u>회사에 다닌 지 얼마나 됐어요</u>?

   B: <u>회사에 다닌 지 4년 됐어요</u>.

2. 화장실, 청소하다 / 3일

   A: ________________________________?

   B: ________________________________.

3. 마이클 씨, 알다 / 2년

   A: ________________________________?

   B: ________________________________.

4. 기숙사, 살다 / 다섯 달

   A: ________________________________?

   B: ________________________________.

54 -(으)ㄴ 후에, 후에

1 의미

-(으)ㄴ 후에, 후에는 어떤 행위를 한 다음에 다른 행위를 함을 나타낸다. 유사한 표현으로는 -(으)ㄴ 다음에, -(으)ㄴ 뒤에가 있다. -(으)ㄴ 후에, -(으)ㄴ 다음에, -(으)ㄴ 뒤에의 에는 생략될 수 있다.

① N 후에

A: **수업 후에** 뭐 할 거예요?

B: 친구를 만날 거예요.

졸업 후에 취직할 겁니다.
삼 년 후에 집을 살 생각이에요.

수업 후에	식사 후에	일 년 후에
3일 후에	한 시간 후에	오 분 후에

② V(으)ㄴ 후에

A: 대학을 **졸업한 후에** 뭐 할 거예요?

B: 한국 회사에 취직할 거예요.

점심은 수업이 **끝난 후에** 먹을 거예요.
물이 **끓은 후에** 라면을 넣어야 합니다.

2 형태

① N 후에

수업 **후에**

식사 **후에**

② V(으)ㄴ 후에

받침 X	가다	가+ㄴ 후에	간 후에
받침 O	읽다	읽+은 후에	읽은 후에
ㄹ탈락	만들다	만드+ㄴ 후에	만든 후에
ㄷ불규칙	듣다	들+은 후에	들은 후에
ㅂ불규칙	줍다	주우+ㄴ 후에	주운 후에

■ 어간의 마지막 음절에 받침이 없을 때는 어간+ㄴ 후에가 되고, 받침이 있을 때는 어간+은 후에가 된다.

3 관련 문법

06 -고(선후 관계), **14** -기 전에, 전에

연습 1 ‘후에’ 혹은 ‘-(으)ㄴ 후에’를 사용해서 다음 문장을 완성하십시오.

1. <u>식사한 후에</u> 설거지는 제가 합니다.
   (식사하다)

2. _____________________에 같이 도서관에 갑시다.
   (수업)

3. 저는 _____________________에 몸을 씻습니다.
   (머리를 감다)

4. 먼저 _____________________에 야채를 씻었습니다.
   (고기를 굽다)

5. 부엌 청소를 _____________________에 저녁 식사를 준비합니다.
   (끝내다)

6. 아침 뉴스를 _____________________에 출근합니다.
   (듣다)

7. _____________________에 시험이 있습니다.
   (일주일)

8. 케이크를 _____________________에 잡채를 만들 겁니다.
   (만들다)

9. 숙제를 _____________________에 인터넷 게임을 했습니다.
   (마치다)

연습 2 마이클이 아침에 일어나서 하는 일과 유코가 퇴근 후에 하는 일을 ‘-(으)ㄴ 후에’를
사용해서 써 보십시오.

1. 물을 마시다 → 이를 닦다 → 면도하다 → 샤워하다 → 신문을 보다 → 아침을 먹다 → 출근하다
   <u>마이클은 아침에 일어나서 제일 먼저 물을 마십니다. 물을 마신 후에</u> _______________

   ____

   ____

2. 옷을 갈아입다 → 이메일을 확인하다 → 텔레비전을 보다 → 청소하다 → 음악을 듣다 → 자다
   <u>유코는 퇴근 후에 집에 와서 제일 먼저 옷을 갈아입습니다. 옷을 갈아입은 후에</u> _________

   ____

   ____

55 -(으)ㄴ데/-는데

1 의미

A(으)ㄴ데, V는데는 뒷절에서 말하려는 내용의 배경·상황이나 근거를 나타내거나 앞절과 뒷절이 상반됨을 나타내기도 한다.

① **배경, 상황**: 어떤 사실을 말하기 전에 말하려는 내용의 배경이나 상황을 제시할 때 사용된다. 제안이나 명령을 할 때나 묻기에 앞서 그 배경이나 상황을 제시할 때도 사용된다.

> 어제 수영장에 **갔는데** 사람이 정말 많았어요.
> 마이클 씨하고 테니스를 **쳤는데**, 제가 이겼어요.
> 저 오늘 백화점에 **갈 건데** 같이 갈래요?
> 저는 매운 음식을 **좋아하는데** 왕명 씨는 어때요?
> 비 **오는데** 우산 가져가세요.
> 날씨가 **추운데** 코트 입고 가세요.

② **대조**: 앞절과 상반되는 내용을 뒤에 이어 말할 때 사용한다.

> 나는 키가 **큰데** 동생은 키가 작아요.
> 설거지는 **했는데** 아직 청소는 안 했어요.

2 형태

① V(동사)

	과거: -았/었는데	현재: -는데	미래: -(으)ㄹ 건데
가다	갔는데	가는데	갈 건데
먹다	먹었는데	먹는데	먹을 건데
만들다	만들었는데	만드는데	만들 건데
듣다	들었는데	듣는데	들을 건데
줍다	주웠는데	줍는데	주울 건데

■ 동사의 과거는 어간+았/었는데가 되고, 현재는 어간의 마지막 음절에 받침이 있고 없고에 관계없이 어간+는데가 된다. 미래는 어간의 마지막 음절에 받침이 없으면 어간+ㄹ 건데, 받침이 있으면 어간+을 건데가 된다.

② A(형용사)

	과거: -았/었는데	현재: -(으)ㄴ데	미래: -(으)ㄹ 건데
크다	컸는데	큰데	클 건데
높다	높았는데	높은데	높을 건데
길다	길었는데	긴데	길 건데
춥다	추웠는데	추운데	추울 건데

- 형용사 과거는 어간+았/었는데가 된다. 현재는 어간의 마지막 음절에 받침이 없으면 어간+ㄴ데가 되고, 받침이 있으면 어간+은데가 된다. 미래는 어간의 마지막 음절에 받침이 없으면 어간+ㄹ 건데, 받침이 있으면 어간+을 건데가 된다.

③ 관련 문법

57 -(으)니까, 90 -지만

문법 비교 '-(으)ㄴ데, -는데'와 '-(으)니까'

● A+(으)ㄴ데, V+는데(근거)	배경·상황에 대한 설명을 제공하고 싶을 때 사용.
● A/V+(으)니까(이유)	이유를 강조하고 싶을 때 사용.

비 오는데 우산 가져가세요.
비 오니까 우산 가져가세요.

'-(으)ㄴ데, -는데'와 '-(으)니까'는 둘 다 뒷절에 대한 근거를 제시할 때 사용되기 때문에 '비 오는데 우산 가져가세요.'와 '비 오니까 우산 가져가세요.'는 의미가 비슷하다. 다만, '-(으)ㄴ데, -는데'를 쓰면 우산을 가져가라고 말하게 된 배경(상황)을 설명하는 뉘앙스를 주지만, '-(으)니까'를 사용한 문장에서는 우산을 가져가야 하는 이유를 강조하는 느낌이 강하다.

문법 비교 '-(으)ㄴ데, -는데 (대조)'와 '-지만 (대조)'

'-(으)ㄴ데, -는데'와 '-지만', 모두 앞절과 뒷절의 내용이 상반됨을 나타낸다. '-지만'이 '-(으)ㄴ데, -는데'에 비해 앞뒤가 상반됨을 좀더 강조하는 의미를 나타낸다.

내 동생은 키가 큰데 나는 키가 작아요.
내 동생은 키가 크지만 나는 키가 작아요.

연습 1 'A(으)ㄴ데, V는데'를 사용해서 다음 문장을 완성하십시오.

1. 미국에서 할리우드에 갔다. 거기서 브루스 윌리스를 봤다.

    ➜ 미국에서 할리우드에 갔는데, 거기서 브루스 윌리스를 봤어요.

2. 어제 뮤지컬 '캐츠'를 봤다. 아주 멋있었다.

    ➜ ____.

3. 지난주 토요일에 남자 친구하고 싸웠다. 아직까지 전화가 없다.

    ➜ ____.

4. 오늘 점심에 비빔냉면을 처음 먹었다. 생각보다 안 매웠다.

    ➜ ____.

연습 2 'A(으)ㄴ데, V는데'를 사용해서 제안을 해 보십시오.

1. 토요일에 수영장에 갈 것이다. 같이 가고 싶다.

    ➜ 토요일에 수영장에 갈 건데 같이 갈까요?

2. 날씨가 좋다. 교외로 놀러 가고 싶다.

    ➜ ____________________________________?

3. 배가 고프다. 떡볶이를 먹으러 가고 싶다.

    ➜ ____________________________________?

4. 오늘은 좀 바쁘다. 다른 날 만나고 싶다.

    ➜ ____________________________________?

연습 3 'A(으)ㄴ데, V는데'를 사용해서 대화를 완성하십시오.

1. A: 왕순 씨 어디에 갔어요?

    B: 학교에 ________________ 조금 있으면 올 거예요.

2. A: 시험공부 많이 했어요?

    B: 열심히 ________________ 너무 어려워서 잘 모르겠어요.

3. A: 어제 니콜 씨하고 뭐 했어요?

   B: 니콜 씨한테 프랑스 빵 만드는 방법을 ＿＿＿＿＿＿＿＿＿＿＿ 재미있었어요.

4. A: 이거 제가 만든 불고기＿＿＿＿＿＿ 같이 드시겠어요?

   B: 잘 먹겠습니다.

5. A: 기분이 좀 안 좋아 보여요.

   B: 공부를 열심히 ＿＿＿＿＿＿＿ 시험을 잘 못 봐서 그래요.

연습 4 'A(으)ㄴ데, V는데'를 사용해서 문장을 완성하십시오.

1.

어제는 추웠어요.

➡ 어제는 추웠는데 오늘은 따뜻해요.

2.

수미 씨는 얼굴은 예뻐요.

➡ ＿＿＿＿＿＿＿＿＿＿＿＿＿＿＿.

3.

저는 고등학교 때 영어를 잘했어요.

➡ ＿＿＿＿＿＿＿＿＿＿＿＿＿＿＿.

4.

나는 한국 음식을 좋아해요.

➡ ＿＿＿＿＿＿＿＿＿＿＿＿＿＿＿.

56 -(으)ㄴ지/-는지 알다/모르다

① 의미

누가, 언제, 무엇을, 왜, 어떻게, 어디, 얼마 등의 의문사와 함께 쓰여 간접의문문의 형태를 만들어 내는 표현이다.

> A: 근처에 지하철역이 **어디에 있는지** 아세요?
>
> B: 글쎄요. 저도 여기가 처음이라서 잘 모르겠는데요.
>
> 시험이 **언제인지 아세요?**
>
> 이 가방 **얼마인지 알아요?**
>
> 저는 김치를 **어떻게 만드는지 몰라요.**

② 형태

① 동사

	과거: -았/었는지	현재: -는지	미래: -(으)ㄹ 건지
가다	갔는지	가는지	갈 건지
먹다	먹었는지	먹는지	먹을 건지
만들다	만들었는지	만드는지	만들 건지
듣다	들었는지	듣는지	들을 건지
줍다	주웠는지	줍는지	주울 건지

- 동사의 과거는 어간+았/었는지가 되고, 현재는 어간의 마지막 음절에 받침이 있고 없고에 관계없이 어간+는지가 된다. 미래는 어간의 마지막 음절에 받침이 없으면 어간+ㄹ 건지, 받침이 있으면 어간+을 건지가 된다.

② 형용사

	과거: -았/었는지	현재: -(으)ㄴ지
크다	컸는지	큰지
높다	높았는지	높은지
길다	길었는지	긴지
춥다	추웠는지	추운지

- 형용사 과거는 어간+았/었는지가 된다. 현재는 어간의 마지막 음절에 받침이 없으면 어간+ㄴ지가 되고, 받침이 있으면 어간+은지가 된다.

연습 1 'A(으)ㄴ지, V는지 알다/모르다'를 사용해서 문장을 완성하십시오.

1. 중간시험이 언제<u>인지</u> 알아요?
         (이다)

2. 왕명 씨가 어제 왜 학교에 ___________________ 아는 사람 있어요?
                    (안 왔다)

3. 수진 씨가 어디에서 ___________________ 알면 좀 가르쳐 주세요.
                 (살다)

4. 회의가 몇 시에 ___________________ 아세요?
               (끝나다)

5. A: 왕순 씨가 어떤 음악을 ___________________ 아세요?
                       (좋아하다)

   B: 글쎄요. 왕순 씨하고 별로 친하지 않아서 잘 모르겠어요.

6. A: 유코 씨가 영어를 잘해요?

   B: 글쎄요. 유코 씨와 영어로 이야기해 보지 않아서, 얼마나 ___________ 모르겠어요.
                                                    (잘하다)

연습 2 'A(으)ㄴ지, V는지 알다/모르다'를 사용해서 대화를 완성하십시오.

1. A: 그 가방 어디서 샀어요?

   B: 한 5년 전에 샀어요. 그런데 가방을 ___________________ 생각이 안 나네요.

2. A: 지금 몇 시예요?

   B: 시계가 없어서 ___________________ 모르겠어요.

3. A: 김치는 어떻게 만들어요?

   B: 글쎄요. 한 번도 안 만들어 봐서 모르겠어요.

      엄마한테 김치를 ___________________ 물어 볼게요.

4. A: 캐나다는 겨울에 얼마나 추워요?

   B: 저는 캐나다에 안 가 봐서 캐나다가 겨울에 ___________________ 잘 몰라요.

5. A: 이 김치 얼마나 매워요?

   B: 저도 안 먹어 봐서 ___________________ 모르겠어요.

57 -(으)니까

① 의미

-(으)니까는 뒷절에 대한 이유나 원인을 나타낸다. -(으)니까가 -(으)ㅂ시다, -(으)ㄹ까요, -(으)세요 등과 함께 쓰이면 이유를 말하면서 설득력 있는 제안을 하는 표현이 된다.

> A: 버스로 갈까요?
> B: 출퇴근 시간에는 길이 많이 **막히니까** 지하철로 갑시다.

- 다음 주부터 **방학이니까** 같이 여행 갈까요?
- 비가 많이 **오니까** 오늘은 산에 가지 마세요.
- 야채는 몸에 **좋으니까** 많이 먹는 게 좋아요.

② 형태

받침 X	가다	가+니까	가니까
받침 O	먹다	먹+으니까	먹으니까
ㄹ탈락	만들다	만들+니까	만드니까
ㄷ불규칙	걷다	걸+으니까	걸으니까
ㅂ불규칙	덥다	더우+니까	더우니까

■ 어간의 마지막 음절에 받침이 없을 때는 어간+니까가 되고, 받침이 있을 때는 어간+으니까가 된다.

③ 관련 문법

38 A/V아/어서 (이유)

문법 비교 '-(으)니까 (이유, 원인)'와 '-아/어서 (이유)'

'-(으)니까'는 이유, 원인을 나타낸다는 점에서 '-아/어서'와 의미가 비슷하다. 다만 다음과 같은 몇 가지에 있어서 차이가 있다.

		-아/어서	-(으)니까
①의미	화자의 의견 개입 여부	화자의 의견이 개입 안 됨	화자의 의견이 개입됨
②문법	앞절에 '-았/었-'	×	○
	뒷절에 감사, 사과 표현	○	×
	뒷절에 명령, 청유, 제안 표현	×	○

① **의미 차이**

● **화자의 의견 개입 여부가 다르다**

┌─ **-아/어서: 화자의 의견이 개입되지 않는다.**
│　　　➔ 객관적인 정보에 의한 이유 OR 개인적 판단, 추리에 의한 이유+아/어서 ○
│　　　　 개인적 판단, 추리에 의한 이유+아/어서 ○
│
└─ **-(으)니까: 화자의 의견이 개입된다.**
　　　　➔ 객관적인 정보에 의한 이유 +(으)니까 ○
　　　　　 개인적 판단, 추리에 의한 이유+(으)니까: 상황에 맞게 주의해서 사용해야 함.

'-(으)니까'는 객관성을 가진 정보가 이유일 때 주로 쓰인다. '-(으)니까'를 화자의 감정, 개인적인 상황에 대한 이유를 나타내는 경우에 사용하면 청자는 '-(으)니까' 앞에 오는 내용에 화자의 개인적인 의견 혹은 감정이 포함된 것으로 받아들이게 되어 불쾌감을 느낄 수도 있으므로 주의해야 한다.

A: 왜 숙제를 안 했어요?
B1: 배가 <u>아파서</u> 숙제를 못 했어요.

A: 왜 숙제를 안 했어요?
B2: 배가 <u>아프니까</u> 숙제를 못 했어요.

왜 숙제를 안 했는지 묻는 질문에, B1처럼 답할 경우 단순히 '배가 아픈 이유로 숙제를 할 수 없었다'는 사실을 전달할 수 있다. 하지만 B2처럼 대답할 경우에는, 화자가 '배가 아픈 이유로 숙제를 못 한 것을 당연하게 생각'하고 있는 뉘앙스를 풍기게 되어 청자가 불쾌감을 느낄 수도 있다.

② **문법 규칙 차이**

● **'-았/었' + '-아/어서' (×)**

'-아/어서' 앞에는 '-았/었'이 올 수 없지만, '-(으)니까' 앞에는 가능하다.

배가 너무 <u>고팠어서</u> 밥을 두 그릇이나 먹었어요.(X)　배가 너무 <u>고파서</u> 밥을 두 그릇이나 먹었어요.(○)

cf) 점심에 비빔밥을 <u>먹었으니까</u> 저녁에는 다른 것을 먹읍시다.(○)

● **'A/V(으)니까' + 명령, 청유 (×)**

'-아/어서'는 뒷절에 명령형 'V(으)세요', 청유형 'V(으)ㅂ시다, V(으)ㄹ까요?' 등의 종결 어미가 올 수 없지만, A/V(으)니까는 그러한 제약이 없다.

배가 **고파서** 식사합시다.(×)　　　　배가 **고프니까** 식사합시다.(○)
내일 시험이 **있어서** 공부하세요.(×)　　내일 시험이 **있으니까** 공부하세요.(○)

● **'A/V(으)니까' + 감사, 사과 표현 (×)**

'A/V(으)니까'는 사과, 감사 등의 표현과 같이 쓰이면 어색하다. 사과하거나 감사하는 표현을 할 때는 'A/V아/어서'와 같이 사용한다.

도와 <u>주셨으니까</u> 감사합니다.(×)　　　도와 <u>주셔서</u> 감사합니다.(○)
<u>늦었으니까</u> 미안합니다.(×)　　　　　<u>늦어서</u> 미안합니다.(○)

연습 1 다음 활용표를 완성하십시오.

기본형	-(으)니까
복잡하다	복잡하니까
많다	
살다	사니까
열다	
듣다	
걷다	
돕다	도우니까
덥다	

연습 2 '-(으)니까'를 사용해서 다음 대화를 완성하십시오.

1. A: 토요일에 청계천에 가서 산책할까요?

   B: 청계천은 주말에는 너무 <u>복잡하니까</u> 평일에 갑시다.
   　　　　　　　　　　　　　　(복잡하다)

2. A: 이번 휴가에 부산에 갈까요?

   B: 지난 휴가에 부산에 _________________ 이번 휴가에는 설악산에 갑시다.
   　　　　　　　　　　　　(갔다)

3. A: 야채와 과일은 몸에 _________________ 매일 드세요.
   　　　　　　　　　　　　　(좋다)

   B: 네, 알겠습니다.

4. A: 가족들과 설악산으로 여행을 가려고 해요. 언제쯤 가는 게 좋을까요?

   B: 설악산은 단풍이 _________________ 가을에 가는 게 좋아요.
   　　　　　　　　　　　(아름답다)

5. A: 제주도에 여행을 가려고 하는데 자유 여행과 패키지여행 중에서 어느 게 좋을까요?

   B: 자유 여행은 비용이 많이 _________________ 패키지여행이 낫겠어요.
   　　　　　　　　　　　　　(들다)

연습 3 '-아/어서'와 '-(으)니까' 중에서 적절한 것을 선택하여 대화를 완성하십시오.

1. A: 이번 여름휴가에 하와이에 갈까요?

   B: 하와이는 너무 (멀어서, 머니까) 제주도에 갑시다.

2. A: 삼겹살은 지방이 (많아서, 많으니까) 너무 많이 먹지 마세요.

   B: 네, 조금만 먹을 거예요.

3. A: 다음 주에 기말 시험이 (있어서, 있으니까) 모두 열심히 공부하세요.

   B: 네, 열심히 공부하겠습니다.

연습 4 '-(으)니까'를 사용해서 이유를 말하면서 제안/조언/부탁하는 문장을 만드십시오.

1. 날씨가 추워요. 코트 입고 가세요.

   ➜ 날씨가 추우니까 코트 입고 가세요.

2. 내일 수업이 없어요. 같이 테니스 치러 갈까요?

   ➜ ____?

3. 방 안이 너무 더워요. 에어컨 좀 켜 주세요.

   ➜ ____.

4. 좀 피곤해요. 영화는 다음에 봅시다.

   ➜ ____.

58 -(으)ㄹ 것

① 의미

문장의 종결어미 -(으)ㄹ 것은 어떤 행위를 하라고 지시함을 나타낸다. 주로 주의 사항, 지시 사항 등을 간략히 줄여 메모할 때 사용한다.

> • '-(으)ㄹ 것'이 종결어미로 쓰이지 않고, '동사의 관형형+명사'로 사용될 때도 있다.
> '먹을 것'은 음식을 가리키고, '마실 것'은 물이나 음료수를 가리킨다.
>
> • 먹을 것이 없어서 배가 고픈 사람도 많이 있습니다.
> • 목이 말라요. 마실 것 있어요?

② 형태

받침 X	가다	가+ㄹ 것	갈 것
받침 ○	먹다	먹+을 것	먹을 것
ㄹ탈락	만들다	만들+것	만들 것
ㄷ불규칙	듣다	들+을 것	들을 것
ㅂ불규칙	줍다	주우+ㄹ 것	주울 것

■ 어간의 마지막 음절에 받침이 없으면 어간+ㄹ 것이 되고, 받침이 있으면 어간+을 것이 된다.

③ 관련 문법

71 -(으)ㅁ, **11** -기

1. 기숙사에 12시까지 들어와야 합니다. 애완동물을 기르면 안 됩니다.

   ➡ 기숙사에 12시까지 들어올 것. 애완동물을 _______________________.

2. 도서관에서 전화를 받으면 안 됩니다. 옆 사람과 큰 소리로 이야기하면 안 됩니다. 음식물을 가지고
   들어가면 안 됩니다.

   ➡ 전화를 _______________________. 옆 사람과 큰 소리로 _______________________.

   음식물을 _______________________.

3. 수영장에서 수영 모자를 써야 합니다. 샤워한 후에 물에 들어가야 합니다.

   ➡ 수영장에서 수영 모자를 _______________________.

   샤워한 후에 물에 _______________________.

4. 반드시 드라이해야 합니다. 물빨래하면 안 됩니다.

   ➡ 반드시 드라이_______________________. 물빨래_______________________.

연습 2 다음은 일주일 동안 해외여행을 떠나는 엄마가 아이에게 남긴 메모입니다.
'-(으)ㄹ 것'을 사용해서 메모를 완성하십시오.

✔ 매일 일찍 자고 일찍 일어날 것.
   (일어나다)
✔ 집에 오자마자 손을 _______________________.
   (씻다)
✔ 숙제 먼저 하고 _______________________.
   (놀다)
✔ 하루 한 알씩 비타민을 _______________________.
   (먹다)
✔ 하루에 한 시간씩 영어 테이프를 _______________________.
   (듣다)
✔ 하루 30분씩 _______________________.
   (운동하다)
✔ 컴퓨터 게임을 _______________________.
   (하다 ×)
✔ 콜라를 _______________________.
   (마시다 ×)
✔ 집에 친구를 _______________________.
   (부르다 ×)

59 -(으)ㄹ 것이다 (미래)

① 의미

-(으)ㄹ 것이다는 미래 시제를 나타낸다. -(으)ㄹ 것이다의 -(스)ㅂ니다체는 -(으)ㄹ 겁니다, -아/어요체
-(으)ㄹ 거예요이다.

> A: 주말에 뭐 **할 거예요?**
> B: 집에서 **쉴 거예요.**
>
> 저는 내년에 대학원에 **갈 겁니다.**
> 저는 퇴직 후에 시골에서 **살 겁니다.**
> 오늘 저녁에는 스파게티를 **먹을 거예요.**

② 형태

받침 X	가다	가+ㄹ 것이다	갈 것이다	(갈 겁니다/갈 거예요)
받침 O	읽다	읽+을 것이다	읽을 것이다	(읽을 겁니다/읽을 거예요)
ㄹ탈락	만들다	만들+ 것이다	만들 것이다	(만들 겁니다/만들 거예요)
ㄷ불규칙	듣다	들+을 것이다	들을 것이다	(들을 겁니다/들을 거예요)
ㅂ불규칙	줍다	주우+ㄹ 것이다	주울 것이다	(주울 겁니다/주울 거예요)

■ 어간의 마지막 음절에 받침이 없으면 어간+ㄹ 것이다가 되고, 받침이 있으면 어간+을 것이다가 된다.

③ 관련 문법

60 -(으)ㄹ 것이다 (추측·의지)

기본형	-(으)ㄹ 겁니다/-(으)ㄹ 거예요	기본형	-(으)ㄹ 겁니다/-(으)ㄹ 거예요
가다	갈 겁니다/갈 거예요	보다	
만들다		읽다	읽을 겁니다/읽을 거예요
먹다		살다	
듣다	들을 겁니다/들을 거예요	공부하다	공부할 겁니다/공부할 거예요
줍다		걷다	
입다	입을 겁니다/	놀다	

연습 2 '-(으)ㄹ 거예요'를 사용해서 대화를 완성하십시오.

1. A: 내일 징징 씨하고 산에 <u>갈 거예요</u>?
                         (가다)

   B: 아니요, _______________________________.
                          (영화를 보다)

2. A: 저녁 식사 후에 뭐 _______________________?
                          (하다)

   B: 언니하고 1시간 정도 한강 시민 공원을 _______________.
                                        (걷다)

3. A: 수업 후에 약속이 있어요?

   B: 한국 친구의 중국어 숙제를 _______________________.
                                 (돕다)

4. A: 오늘 저녁 어떤 음식을 _______________________?
                          (만들다)

   B: 삼겹살을 _______________________.
                     (굽다)

연습 3 다음은 민호의 여행 계획입니다. '-(으)ㄹ 겁니다'를 사용해서 글을 완성하십시오.

저는 이번 여름 방학에 유럽에 배낭여행을 <u>갈 겁니다</u>. 영국하고 프랑스, 이탈리아, 독일을 _________.
                                    (가다)   (여행하다)

영국에서는 이층버스를 ___________. 이탈리아에서 는 스파게티와 피자를 ___________. 독일에서는
               (타다)   (먹다)

맥주를 ___________. 클래식 음악도 ___________. 유럽에 가서 재미있게 ___________.
      (마시다)   (듣다)   (놀다)

60 -(으)ㄹ 것이다 (추측·의지)

① 의미

-(으)ㄹ 것이다는 어떤 사실에 대해 추측함을 나타낸다.

> A: 비가 올까요?
> B: 오후에 비가 **올 거예요**. 아침에 일기예보를 들었어요.
>
> 왕명 씨는 A를 **받을 거예요**. 그동안 아주 열심히 공부했거든요.
> 그 찌개는 **맛있을 거예요**. 우리 어머니가 만드셨거든요.

② 형태

받침 X	가다	가+ㄹ 것이다	갈 것이다
받침 ○	먹다	먹+을 것이다	먹을 것이다
ㄹ탈락	만들다	만들+것이다	만들 것이다
ㄷ불규칙	듣다	들+을 것이다	들을 것이다
ㅂ불규칙	줍다	주우+ㄹ 것이다	주울 것이다

- 어간의 마지막 음절에 받침이 없으면 어간+ㄹ 것이다가 되고, 받침이 있으면 어간+을 것이다가 된다.

③ 관련 문법

59 -(으)ㄹ 것이다 (미래), **04** -겠-

문법 비교 '-(으)ㄹ 것이다'와 '-겠-'

주어	A/V + (으)ㄹ 것이다	A/V + 겠
1인칭	• **화자의 의지**: 상대의 선택이나 판단을 배제시킴 예 전 비빔밥 먹을 거예요.	• **화자의 의지**: 상대의 선택이나 판단을 고려하겠다는 생각이 있음 예 전 비빔밥 먹겠습니다.
3인칭	• **추측**: 추측의 근거가 객관적임. 현장의 지각 경험이 아닌 과거의 경험이나 간접 경험, 논리 등을 근거로 추측. 예 오후에 비가 올 거예요. 아침에 일기예보에서 들었어요.	• **추측**: 추측의 근거가 주관적임. 현장의 지각 경험을 근거로 추측. 예 비가 오겠어요. 바람이 불고 하늘에 먹구름이 많아요.

- **주어가 1인칭일 때**

문장의 주어가 1인칭일 때 '-겠-'과 '-(으)ㄹ 것이다'는 둘 다 화자의 의지를 전달하지만, 의미 차이가 있다. '-겠-'은 상대의 선택이나 판단을 고려하겠다는 의미가 있어서 좀더 정중한 태도를 나타낸다. '-(으)ㄹ 것이다'는 상대의 선택이나 판단을 배제하고 자신의 의지를 강조하는 태도를 나타낸다. 다시 말해, 상대가 뭐라고 하든지 자신의 의도대로 하겠다는 태도를 나타낸다.

A: 뭐 드실래요?
B1: 전 비빔밥 **먹겠습니다.**
B2: 전 비빔밥 **먹을 거예요.**

B1은 자신의 선택·결정(비빔밥을 선택한 것)에 상대인 A가 어떤 의견을 표현할 경우에 B1은 그것을 받아들일 수도 있다는 태도를 가지고 있다. B2는 혹시 상대인 A가 B2의 선택·결정(비빔밥을 선택한 것)에 혹시 의견을 표시하더라도 자신이 결정한 대로 하겠다는 것을 나타낸다.

- **주어가 3인칭일 때**

주어가 3인칭일 때 '-(으)ㄹ 것이다'는 '객관적인 근거에 따라 추측'함을 나타내고, '-겠-'은 '주관적인 근거에 따라 추측'함을 나타낸다.

오후에 <u>비가 올 거예요.</u>
아침에 일기예보에서 들었어요.
(추측의 근거: 일기예보에서 들었다.)

<u>비가 오겠어요.</u>
바람이 불고 하늘에 먹구름이 많아요.
(추측의 근거: 바람이 분다. 하늘에 먹구름이 많다.)

"오후에 비가 올 거예요."는 아침에 일기예보에서 오늘 비가 올 거라고 하는 것을 들은 것과 같은 객관적인 근거를 바탕으로 오후에 비가 올 것으로 추측함을 나타낸다. "비가 오겠어요."는 화자가 말하는 현장에서 바람이 불거나 먹구름이 낀 것을 보고, 그것을 바탕으로 주관적인 판단에 의해 비가 올 것이라고 추측함을 나타낸다.

맛있을 거예요.
(추측의 근거: 전에 먹어 본 적이 있다. 맛있다고 하는 사람들이 많다. 유명한 요리사가 만들었다.)
맛있겠어요.
(추측의 근거: 맛있게 생겼다. 보기에 맛있어 보인다. 맛있는 냄새가 난다.)

연습 1 '-(으)ㄹ 것이다'를 사용해서 다음 대화를 완성하십시오.

1. A: 내일 날씨가 좋을까요?

   B: 아니요, 내일 <u>비가 올 거예요</u>. 일기예보에서 들었어요.
   　　　　　　　(비가 오다)

2. A: 마이클 씨가 노래대회에서 상을 받을까요?

   B: 네, 마이클 씨가 ＿＿＿＿＿＿＿＿＿＿. 마이클 씨는 가수보다 노래를 더 잘해요.
   　　　　　　　　　(상을 받다)

3. A: 이 김치 매울까요?

   B: 아니요, 전혀 안 ＿＿＿＿＿＿＿＿＿＿. 고춧가루를 안 넣고 만든 김치거든요.
   　　　　　　　　　(맵다)

4. A: 이 영화를 보고 싶은데 재미있을까요?

   B: 네, ＿＿＿＿＿＿＿＿＿＿. 한번 보세요.
   　　　　(재미있다)

5. A: 지금 민호 씨가 집에 있을까요?

   B: 아니요, ＿＿＿＿＿＿＿＿＿＿＿＿. 민호 씨는 일요일 오후에는 교회에 가거든요.
   　　　　　　(집에 없다)

 '-겠-'과 '-(으)ㄹ 것이다' 중에서 적절한 것을 선택하십시오.

1.

와, 냄새 좋네요. 정말 (맛있겠어요, 맛있을 거예요).

2.

A: (춥겠어요, 추울 거예요).
B: 아니에요. 부츠를 신어서 별로 안 추워요.

3.

오늘 (춥겠어요, 추울 거예요). 오늘 영하 10도래요.

4.

A: 앗, 아야.
B: 많이 (아프겠어요, 아플 거예요). 약 바르세요.

5.

A: 요즘 매일 9시에 퇴근해요. 토요일에도 출근하고요.
B: 정말 (피곤하겠어요, 피곤할 거예요).

6.

A: 마이클 씨가 수영을 잘할까요?
B: 네, (잘하겠어요, 잘할 거예요).
　　중학교 때 학교 수영선수였거든요.

61 -(으)ㄹ 때, 때

① 의미

N 때와 A/V(으)ㄹ 때는 일정한 시기 혹은 시간상의 일정한 부분을 나타낸다.

오늘 저녁 **때** 뭐 할 거예요?
방학 때 어디에 갈 거예요?
배가 **아플 때** 차가운 것을 마시면 안 됩니다.
공부할 때 말시키지 마세요.

② 형태

① N 때

점심 때
휴가 때
식사 때
고등학교 때

② V(으)ㄹ 때

	과거: -았/었을 때	현재: -(으)ㄹ 때
가다	갔을 때	갈 때
먹다	먹었을 때	먹을 때
만들다	만들었을 때	만들 때
듣다	들었을 때	들을 때
줍다	주웠을 때	주울 때

■ 과거는 어간+았/었을 때가 된다. 현재는 어간의 마지막 음절에 받침이 없을 때는 어간+ㄹ 때가 되고, 받침이 있을 때는 어간+을 때가 된다.

주의하세요!

> • 시간 표현(날짜, 요일, 시 …) + 때 (×)
>
> '때'는 시간을 나타내는 말과 함께 쓰지 않습니다. 시간을 나타내는 말에는 '에'를 씁니다.
>
> • <u>금요일 때</u> 만납시다. (×)   금요일에 만납시다. (○)
> • <u>1시 때</u> 만나요. (×)   1시에 만나요. (○)

연습 1 '-았/었을 때, -(으)ㄹ 때'를 사용해서 문장을 완성하십시오.

1. 내가 여덟 살<u>이었을 때</u> 제 아내는 네 살이었어요.
         (이다)

2. 저는 대학을 _______________________까지 컴퓨터 자격증과 운전 면허증을 딸 거예요.
         (졸업하다)

3. _______________________ 입을 크게 하면 노래를 더 잘할 수 있어요.
         (노래 부르다)

4. 지금은 _______________________가 아니라 열심히 _______________________예요.
         (놀다)   (일하다)

5. 여자친구와 _______________________ 정말 슬펐어요.
         (헤어지다)

6. 저는 보통 음악을 _______________________ 눈을 감고 들어요.
         (듣다)

연습 2 '-았/었을 때, -(으)ㄹ 때'를 사용해서 대화를 만드십시오.

1. 부모님이 보고 싶다, 인터넷으로 화상 채팅을 하다
   A: <u>부모님이 보고 싶을 때는 어떻게 해요</u>?
   B: 부모님이 보고 싶을 때는 인터넷으로 화상 채팅을 해요.

2. 컴퓨터가 고장났다, A/S를 부르다.
   A: _______________________________________?
   B: A/S를 불러요.

3. 목감기에 걸렸다, 따뜻한 물을 자주 마시다
   A: _______________________________________?
   B: 따뜻한 물을 자주 마셔요.

4. 입맛이 없다, 매운 음식을 먹다.
   A: _______________________________________?
   B: _______________________________________.

5. 잠이 안 오다, 어려운 책을 읽다.
   A: _______________________________________?
   B: 잠이 안 올 때는 어려운 책을 읽어요.

62 -(으)ㄹ 수 있다/없다

① 의미

-(으)ㄹ 수 있다는 어떠한 행위가 가능하거나 어떠한 행위를 할 수 있는 능력이 있음을 나타낸다. -(으)ㄹ 수 없다는 어떠한 행위가 불가능하거나, 어떠한 행위를 할 수 있는 능력이 없음을 나타낸다.

① 가능

학생증이 있으면 도서관에 **들어갈 수 있습니다.**

술을 마셨어요. 그래서 **운전할 수 없어요.**

② 능력

저는 바이올린을 **연주할 수 있습니다.**

민호 씨는 중국어를 **할 수 없습니다.**

② 형태

받침 X	가다	가+ㄹ 수 있다	갈 수 있다
받침 ○	읽다	읽+을 수 있다	읽을 수 있다
ㄹ탈락	만들다	만들+수 있다	만들 수 있다
ㄷ불규칙	듣다	들+을 수 있다	들을 수 있다
ㅂ불규칙	줍다	주우+ㄹ 수 있다	주울 수 있다

■ 어간의 마지막 음절에 받침이 없으면 어간+ㄹ 수 있다가 되고, 받침이 있으면 어간+을 수 있다가 된다.

③ 관련 문법

㉖ 못, -지 못하다, ㉓ -(으)ㄹ줄 알다/모르다

문법 비교 '-(으)ㄹ 수 없다'와 '못'

'-(으)ㄹ 수 없다'는 어떤 행위를 할 능력이 없음을 나타내므로, '못, -지 못하다'와 같은 의미를 가진다.

- 저는 한자를 <u>읽을 수 없습니다.</u> = 저는 한자를 <u>못 읽습니다.</u>
- 저는 <u>수영할 수 없어요.</u> = 저는 <u>수영 못 해요.</u>

1.

술을 마셔서 <u>운전할 수 없어요</u>.

2.

산, 가다

다리가 아파서 _______________________.

3.

김치, 먹다

너무 매워서 _______________________.

4.

걷다

다리를 다쳐서 _______________________.

5.

책, 읽다

어려워서 _______________________.

6.

살다

비자가 없어서 한국에서 _______________________.

7.

축구를 하다

비가 와서 _______________________.

8.

김치찌개, 만들다

김치가 없어서 _______________________.

63 -(으)ㄹ 줄 알다/모르다

① 의미

-(으)ㄹ줄 알다/모르다는 어떤 일을 하는 방법을 알거나 모름을 나타낸다.

A: 자전거 **탈 줄 알아요?**

B: 아니요, 저는 자전거를 못 타요. 자전거 타는 법을 배운 적이 없어요.

스파게티를 **만들 줄 몰라요.**

한자를 **읽을 줄은 알지만, 쓸 줄 몰라요.**

프랑스어를 **할 줄은 알지만** 잘 못해요.

② 형태

받침 X	하다	하+ㄹ 줄 알다	할 줄 알다
받침 O	먹다	먹+을 줄 알다	먹을 줄 알다
ㄹ탈락	만들다	만들+ 줄 알다	만들 줄 알다
ㄷ불규칙	듣다	들+을 줄 알다	들을 줄 알다
ㅂ불규칙	줍다	주우+ㄹ 줄 알다	주울 줄 알다

■ 어간의 마지막 음절에 받침이 없으면 어간+ㄹ 줄 알다, 받침이 있으면 어간+을 줄 알다가 된다.

③ 관련 문법

62 -(으)ㄹ 수 있다/없다

문법 비교 '-(으)ㄹ 줄 알다'와 '-(으)ㄹ 수 있다'

● -(으)ㄹ 줄 알다 (능력)	어떤 일을 하는 방법을 앎. 능력.
● -(으)ㄹ 수 있다 (능력)	가능한 일·상황. 능력.

저는 스키를 잘 탑니다. 하지만 지금은 여름입니다. 그래서 <u>스키를 탈 수 없습니다.</u>(○)

저는 스키를 잘 탑니다. 하지만 지금은 여름입니다. 그래서 스키를 탈 줄 모릅니다.(×)

저는 스키를 안 배웠습니다. 그래서 <u>스키를 탈 수 없습니다.</u>(○)

저는 스키를 안 배웠습니다. 그래서 스키를 탈 줄 모릅니다.(○)

연습 1 '-(으)ㄹ 줄 알다/모르다'를 사용해서 다음 문장을 완성하십시오.

1. 저는 스키를 <u>탈 줄 몰라</u>서 스키장에 안 가요.
   　　　　　　(타다)

2. 핸드폰으로 이메일 ＿＿＿＿＿＿＿＿＿＿＿＿＿면 좀 가르쳐 주세요.
   　　　　　　　　　　　(보내다)

3. 피아노를 ＿＿＿＿＿＿＿＿＿＿＿＿＿지만 집에 피아노가 없어서 잘 안 쳐요.
   　　　　　　　　(치다)

4. 김치를 ＿＿＿＿＿＿＿＿＿＿＿ 모르지만, 요리책이 있으면 따라할 수 있어요.
   　　　　　　(담그다)

5. 자전거를 잘 타지는 못하지만 ＿＿＿＿＿＿＿＿＿＿.
   　　　　　　　　　　　　　　(타다)

6. 제가 한복을 ＿＿＿＿＿＿＿＿＿＿니까 입혀 드릴게요.
   　　　　　　　　　(입다)

연습 2 '-(으)ㄹ 줄 알다/모르다'를 사용해서 대화를 만드십시오.

1. [수영하다]　　　A: <u>수영할 줄 알아요</u>?
　　　　　　　　　B: <u>할 줄 알지만</u> 잘 못 해요.

2. [한국어를 하다]　A: 외국 사람인 것 같은데 ＿＿＿＿＿＿＿＿＿＿?
　　　　　　　　　B: ＿＿＿＿＿＿＿＿＿＿＿＿ 잘 못해요.

3. [한국 음식을 만들다]　A: ＿＿＿＿＿＿＿＿＿＿＿＿＿＿?
　　　　　　　　　　　B: ＿＿＿＿＿＿＿＿＿＿＿＿ 잘 못 만들어요.

4. [바이올린을 켜다]　A: ＿＿＿＿＿＿＿＿＿＿＿＿＿＿?
　　　　　　　　　　B: ＿＿＿＿＿＿＿＿＿＿＿ 잘 못 켜요.

64 -(으)ㄹ까요

① 의미

-(으)ㄹ까요?는 상대방에게 무언가를 같이 하자고 제안할 때 쓰이는 표현이다. 비슷한 표현으로는
-(으)ㄹ래요?가 있다.

    A: 주말에 북한산에 등산 **갈까요?**
    B: 네, 좋아요.

    같이 제주도에 **갈까요?**
    차 한 잔 **할까요?**
    주말에 영화 보러 **갈까요?**

② 형태

받침 X	가다	가+ㄹ까요	갈까요
받침 O	먹다	먹+을까요	먹을까요
ㄹ 탈락	만들다	만들+까요	만들까요
ㄷ 불규칙	듣다	들+을까요	들을까요
ㅂ 불규칙	줍다	주우+ㄹ까요	주울까요

■ 어간의 마지막 음절에 받침이 없으면 어간+ㄹ까요가 되고, 받침이 있으면 어간+을까요가 된다.

③ 관련 문법

75 -(으)ㅂ시다

 다음 동사 활용표를 완성하십시오.

기본형	-(으)ㄹ까요	기본형	-(으)ㄹ까요
가다	갈까요	쉬다	
공부하다		만나다	만날까요
먹다		읽다	읽을까요
입다	입을까요	앉다	
만들다		살다	살까요
열다	열까요	팔다	
듣다	들을까요	걷다	
돕다		줍다	주울까요

연습 2 '-(으)ㄹ까요'를 사용해서 대화를 완성하십시오.

1. A: 기말시험이 언제 끝나요?

   B: 이번 주 금요일에 끝나요.

   A: 그러면 이번 주말에 같이 _______________________________?
   (영화 보러 가다)

2. A: 길이 많이 막히네요. 지하철을 _______________________________?
   (타다)

   B: 네, 늦지 않으려면 지하철을 타는 게 좋겠어요.

3. A: 뭐 _______________________________?
   (먹다)

   B: 이 집은 비빔밥이 맛있어요. 비빔밥 먹읍시다.

4. A: 여기 공기가 너무 탁한 것 같아요.

   B: 담배 피우는 사람들이 많아서 그런 것 같아요. 창문 좀 _______________________________?
   (열다)

5. A: 저녁에 고기를 너무 많이 먹은 것 같아요. 소화가 안 되는군요.

   B: 저도 과식한 것 같아요. 우리 밖에 나가서 좀 _______________________________?
   (걷다)

65 -(으)러 가다/오다

① 의미

-(으)러는 이동을 나타내는 동사 **가다, 오다, 다니다** 등과 같이 쓰여 이동하는 목적을 나타낸다.

    A: 한국에는 무슨 일로 오셨어요?
    B: 한국어를 **배우러 왔습니다.**

    공부하러 도서관에 **갔습니다.**
    옷을 **사러** 동대문 시장에 **갔습니다.**

② 형태

받침 X	일하다	가+러	일하러 가다
받침 ○	먹다	먹+으러	먹으러 가다
ㄹ탈락	만들다	만들+러	만들러 가다
ㄷ불규칙	듣다	들+으러	들으러 가다
ㅂ불규칙	줍다	주우+러	주우러 가다

- 어간의 마지막 음절에 받침이 없으면 어간+러 가다가 되고, 받침이 있으면 어간+으러 가다가 된다.

③ 관련 문법

67 -(으)려고 하다

연습 1 왜 한국에 왔는지 '-(으)러 오다'를 사용해서 문장을 완성하십시오.

선생님: 무슨 일로 한국에 왔습니까?

1. 왕명: 저는 <u>한국어 배우러 한국에 왔습니다.</u>
(한국어, 배우다)

2. 유코: 저는 ________________________________.
(한국 친구, 만나다)

3. 징징: 저는 ________________________________.
(한국 회사, 취직하다)

4. 마이클: 저는 ________________________________.
(영어, 가르치다)

5. 존: 저는 ________________________________.
(사진, 찍다)

6. 제인: 저는 남편이 한국 사람입니다. 그래서 한국에서 ________________________.
(살다)

연습 2 다음 사람들은 무슨 일로 어디에 갔습니까? '-(으)러 가다'를 사용해서 대화를
완성하십시오.

선생님: 마이클 씨, 왕명 씨, 유코 씨, 제인 씨, 징징 씨가 없네요. 마이클 씨는 어디에 갔어요?

학생들: 마이클 씨는 ____________________ 서점에 갔어요.
(책, 사다)

선생님: 왕명 씨는요?

학생들: 왕명 씨는 ____________________ 학생식당에 갔어요.
(밥, 먹다)

선생님: 유코 씨는요?

학생들: 유코 씨는 ____________________ 은행에 갔어요.
(돈, 찾다)

선생님: 제인 씨는요?

학생들: 제인 씨는 ____________________ 우체국에 갔어요.
(소포, 부치다)

선생님: 징징 씨는요?

학생들: 징징 씨는 ____________________ 기숙사에 갔어요.
(전화, 받다)

66 -(으)려고

① 의미

-(으)려고는 어떤 일이나 행위를 하려는 의도가 있음을 나타내거나, 행위의 목적을 나타낸다.

> A: 왜 한국어를 배워요?
> B: 한국 회사에 **취직하려고** 한국어를 배우고 있어요.

② 형태

받침 X	가다	가+려고	가려고
받침 ○	먹다	먹+으려고	먹으려고
ㄹ탈락	만들다	만들+려고	만들려고
ㄷ불규칙	듣다	들+으려고	들으려고
ㅂ불규칙	줍다	주우+려고	주우려고

- 어간의 마지막 음절에 받침이 없으면 어간+려고가 되고, 받침이 있으면 어간+으려고가 된다.

문법 비교 '-(으)러'와 '-(으)려고'

> - -(으)러 + 가다/오다/다니다 (○)   - -(으)려고 + 가다/오다/다니다 (○)
> - -(으)러 + 먹다/자다/읽다… (×)   - -(으)려고 + 먹다/자다/읽다… (○)

취직하러 한국어를 공부해요.(×)
취직하려고 한국어를 공부해요.(○)

취직하러 한국에 왔어요.(○)
취직하려고 한국에 왔어요.(○)

'-(으)러'와 '-(으)려고'는 둘 다 행위의 목적을 나타낼 수 있다. '-(으)려고'는 뒤에 오는 동사의 제약이 없지만, '-(으)러'는 '가다/오다/다니다'와 같은 이동을 나타내는 동사하고만 같이 쓰이며, 다른 동작 동사들과는 같이 쓰이지 않는다.

연습 1 '-(으)려고'를 사용해 문장을 완성하십시오.

1. A: 한국에는 무슨 일로 오셨습니까?

   B: <u>대학원에 진학하려고</u> 한국에 왔습니다.
      (대학원, 진학하다)

2. A: 고춧가루를 왜 이렇게 많이 샀어요?

   B: ＿＿＿＿＿＿＿＿＿＿＿＿＿ 고춧가루를 좀 많이 샀어요.
        (김치, 만들다)

3. A: ＿＿＿＿＿＿＿＿＿＿＿＿＿ 매달 30만원 씩 저금하고 있어요.
        (차, 사다)

   B: 차를 사면 저도 한번 태워 주세요.

4. A: 이렇게 어려운 책을 왜 샀어요?

   B: 잠이 안 올 때 ＿＿＿＿＿＿＿＿＿ 샀어요.
                    (읽다)

5. A: 저는 ＿＿＿＿＿＿＿＿＿＿＿＿＿ 꼭 수첩에 메모를 해요.
          (약속, 잊지 않다)

   B: 그래요? 저도 그래요.

6. A: 동대문시장에는 왜 가세요?

   B: ＿＿＿＿＿＿＿＿＿＿＿＿＿ 동대문 시장에 가요.
        (청바지, 사다)

연습 2 '-(으)러'와 '-(으)려고' 중에서 적절한 것을 선택해서 대화를 완성하십시오.
       두 개 모두 맞을 때는 두 개 모두 선택하십시오.

1. 미국에 유학 (가러, 가려고) 영어 학원에 다니고 있어요.

2. 등산 (다니러, 다니려고) 등산화를 샀어요.

3. 올해 여름휴가에는 제주도에 (가러, 가려고) 해요.

4. 저는 한국에 (놀러, 놀려고) 왔어요.

5. 징징 씨는 남자 친구에게 (선물하러, 선물하려고) 카메라를 샀습니다.

-(으)려고 하다

① 의미

-(으)려고 하다는 화자가 앞으로 어떤 일이나 행동을 실행하려는 의도 혹은 의지를 갖고 있음을 나타낸다.
-(으)려고 했다는 어떤 일이나 행위를 하려는 의도가 있었지만 의도대로 실행하지 않았음을 나타내기도
한다.

① -(으)려고 하다

A: 졸업하면 뭘 할 생각이에요?
B: 졸업 후에 대학원에 **진학하려고 해요**.

시장에 가서 고기를 좀 **사려고 합니다**.
어버이날에 부모님께 여행 상품권을 **선물하려고 합니다**.

② -(으)려고 했다

저는 대학교 때 화가가 **되려고 했습니다**. 그런데 지금은 요리사가 되었습니다.
오후에 테니스를 **치려고 했어요**. 그런데 비가 와서 집에서 DVD를 봤어요.

② 형태

받침 X	가다	가+려고	가려고 하다
받침 ○	먹다	먹+으려고	먹으려고 하다
ㄹ탈락	만들다	만들+려고	만들려고 하다
ㄷ불규칙	듣다	들+으려고	들으려고 하다
ㅂ불규칙	줍다	주우+려고	주우려고 하다

- 어간의 마지막 음절에 받침이 없으면 어간+려고 하다가 되고, 받침이 있으면 어간+으려고 하다가
된다.

③ 관련 문법

65 -(으)러 가다/오다, 66 -(으)려고

연습 1 '-(으)려고 하다'를 사용해서 문장을 완성하십시오.

1. 이번 주말, 등산, 가다

    → 이번 주말에 등산을 가려고 해요.

2. 수업 후, 음악, 듣다

    → ____.

3. 오늘 저녁, 스파게티, 먹다

    → ____.

4. 동생 생일, 케이크, 만들다

    → ____.

5. 겨울방학, 하와이, 가다

    → ____.

연습 2 '-(으)려고 했어요'와 '-(으)려고 해요' 중 적절한 것을 선택하십시오.

1. 콜라를 (마시려고 했어요, 마시려고 해요). 그렇지만 콜라가 없었어요. 그래서 주스를 마셨어요.

2. 불고기를 (만들려고 했어요, 만들려고 해요). 그렇지만 집에 고기가 없었어요. 그래서 다른 것을 만들었어요.

3. 내년에 차를 (사려고 했어요, 사려고 해요). 그렇지만 지금은 돈이 없어요. 그래서 아르바이트를 하고 있어요.

4. 테니스를 (치려고 했어요, 치려고 해요). 그렇지만 비가 왔어요. 그래서 집에서 텔레비전을 봤어요.

5. 이번 주말에는 집에서 (쉬려고 했어요, 쉬려고 해요). 외출도 하지 않고, 집안일도 하지 않을 거예요.

68 -(으)려면

① 의미

-(으)려면은 어떤 일을 할 의도가 있음을 가정함을 나타낸다.

> A: 어떻게 하면 한국어를 잘할 수 있을까요?
> B: 한국어를 **잘하려면** 한국 친구를 많이 사귀세요.
>
> 집을 **구하려면** 부동산에 가 보세요.
> 싼 옷을 **사려면** 동대문시장에 가 보세요.
> 외국 학생이 한국에서 대학에 **들어가려면** TOPIK 시험을 봐야 합니다.

② 형태

받침 X	가다	가+려면	가려면
받침 ○	먹다	먹+으려면	먹으려면
ㄹ탈락	만들다	만들+려면	만들려면
ㄷ불규칙	듣다	들+으려면	들으려면
ㅂ불규칙	줍다	주우+려면	주우려면

- 어간의 마지막 음절에 받침이 없으면 어간+려면이 되고, 받침이 있으면 어간+으려면이 된다.

③ 관련 문법

72 -(으)면

연습 1 '-(으)려면'을 사용해서 다음 문장을 완성하십시오.

1. 한국에서는 의사가 <u>되려면</u> 의과 대학을 졸업해야 돼요.
   (되다)

2. 한국에서 아름다운 경치를 ＿＿＿＿＿＿＿ 제주도에 가세요.
   (구경하다)

3. 서울에서 공기 좋고 조용한 곳을 ＿＿＿＿＿＿＿ 창덕궁 비원에 가 보세요.
   (걷다)

4. 한국에서 떡볶이, 튀김, 순대 등을 ＿＿＿＿＿＿＿ 분식점에 가면 됩니다.
   (먹다)

5. 살을 ＿＿＿＿＿＿＿＿＿ 단 것을 많이 먹으면 안 돼요.
   (빼다)

연습 2 '-(으)려면'과 '-(으)면' 중에서 알맞은 것을 선택하여 대화를 완성하십시오.

1. A: 노트북은 어디서 사는 게 좋을까요?
   B: 노트북을 싸게 (사면, 사려면) 용산 전자 상가에 가는 게 좋아요.

2. A: 일본어를 배우고 싶어요.
   B: 일본어를 (배우면, 배우려면) 일본어 학원에 다니도록 하세요.

3. A: 도서관에서 책을 어떻게 빌려요?
   B: 도서관에서 책을 (빌리면, 빌리려면) 학생증이 있어야 해요.

4. A: 서울에서 야경을 (보면, 보려면) 어디에 가야 해요?
   B: 멋진 야경을 (보면, 보려면) 서울타워에 가 보세요. 맑은 날에 타워에서 (보면, 보려면) 서울 시내
      야경이 잘 보여요.

5. A: 휴가 때 경주에 가고 싶은데 어디서 묵는 게 좋을까요?
   B: 싸게 (묵으면, 묵으려면) 민박이 좋아요. 민박에서 (묵으면, 묵으려면) 새로운 친구도 사귈 수
      있어서 좋아요.

69 (으)로

1 의미

(으)로는 명사 뒤에 붙어서 그 명사가 도구, 재료, 방향임을 나타낸다.

① **도구**: 어떤 행위의 도구, 수단, 방법임을 나타낸다.
저는 버스**로** 학교에 갑니다.
가위**로** 머리를 잘랐습니다.

② **재료**: 어떤 것의 재료가 됨을 나타낸다.
이 책상은 나무**로** 만들었습니다.
김치는 배추와 고춧가루**로** 만듭니다.

③ **방향**: 어떤 지점이나 방향을 목적지로 함을 나타낸다.
내일 9시까지 학교**로** 오세요.
왼쪽**으로** 가면 화장실이 있습니다.

2 형태

받침 X	버스	버스+로	버스로
받침 ○	트럭	트럭+으로	트럭으로
ㄹ받침	지하철	지하철+로	지하철로

■ 마지막 음절에 받침이 있으면 으로가 붙고, 받침이 없으면 로가 붙는다.

3 관련 문법

45 에 (위치)

문법 비교 '(으)로 (방향)'와 '에 (위치)'

'(으)로'는 방향을 나타내고, '에'는 정확한 목적지를 나타낸다. 의미나 쓰임이 유사하여 서로 바꿔 쓸 수 있지만, 미세한 의미 차이 때문에 서로 바꿔 쓸 수 없는 경우도 있기 때문에 주의해야 한다.

- **'(으)로'와 '에'를 바꿔 쓸 수 있는 경우**: 목적지를 나타내는 경우

  A: 토요일에 어디에서 만날까요?
  B: 우리 집<u>으로</u> 오세요. (○) 　　　B': 우리 집<u>에</u> 오세요. (○)

- **'(으)로'와 '에'를 바꿔 쓸 수 없는 경우**: 방향을 나타내는 경우

  A: 화장실이 어디에 있어요?
  B: 오른쪽<u>으로</u> 가세요. (○) 　　　B': 오른쪽<u>에</u> 가세요. (×)

연습 1 '(으)로'를 사용해 다음을 완성하십시오.

1. 저는 매일 버스_________ 출근합니다.

2. 김치는 배추와 고춧가루_________ 만듭니다.

3. 왼쪽_________ 가면 지하철역이 나옵니다.

4. 지하철_________ 가는 것이 더 빨라요.

5. 가위_________ 종이를 잘랐습니다.

6. 내일 서울_________ 갑니다.

7. 볼펜_________ 쓰지 말고, 연필_________ 쓰세요.

8. 요즘 쌀_________ 만든 케이크가 인기가 있습니다.

9. 서울에서 대전까지 KTX_________ 50분 쯤 걸립니다.

10. 제주도에는 비행기_________ 갈 수 있습니다. 그리고 배_________도 갈 수 있습니다.

70 (으)로 해서

① 의미

-(으)로 해서는 장소를 가리키는 말 다음에 올 때, -을/를 지나서, -을/를 경유해서의 의미를 가진다.

저는 오늘 **정문으로 해서** 학교에 왔습니다.

대한항공은 보스톤에 갈 때 서울에서 **뉴욕으로 해서** 갑니다.

472번 버스는 신촌에서 압구정에 갈 때 **시내로 해서** 갑니다.

② 형태

받침 X	시카고	시카고+로 해서	시카고로 해서
받침 ○	뉴욕	뉴욕+으로 해서	뉴욕으로 해서
ㄹ받침	서울	서울+로 해서	서울로 해서

- 명사의 마지막 음절에 받침이 없을 때는 로 해서가 붙고, 받침이 있으면 으로 해서가 붙는다. 단, 명사의 마지막 음절의 받침이 ㄹ일 때는 로 해서가 붙는다.

연습 1 '(으)로 해서'를 사용해서 다음 대화를 완성하십시오.

1. A: 잠실운동장에 가 주세요.

   B: 어디<u>로 해서</u> 갈까요?

   A: 영동대교<u>로 해서</u> 가 주세요.

2. A: 오사카에 가고 싶은데 싸게 가는 방법이 있어요?

   B: 부산___________________ 배로 가면 30%쯤 더 싸요.

3. A: 미국 가는 비행기 예약했어요?

   B: 네, 이번에는 하와이_______________ 가는 비행기로 예약했어요.

4. A: 서울에서 뉴욕에 갈 때 꼭 샌프란시스코_______________ 가야 돼요?

   B: 아니요, 시애틀_______________ 갈 수도 있어요.

5. A: 도서관에 가는 빠른 길 좀 가르쳐 주세요.

   B: 정문_______________ 가는 것보다 후문_______________ 가는 게 더 빨라요.

71 -(으)ㅁ

-(으)ㅁ은 동사, 형용사 다음에 쓰여, 어떤 행위나 상황을 묘사하거나 설명함을 나타낸다. 어떤 사건, 현상, 행동에 대해 메모(기록)할 때나 공지사항을 게시할 때 사용한다.

마이클 씨에게서 전화 **왔었음**.

이번 기말시험은 토요일에 **봄**.
회의가 **연기되었음**.
내일 종강파티에 못 **감**.
김치를 못 **만듦**.

② 형태

	기본형	현재		과거
받침 X	가다	가+ㅁ	감	갔음
받침 ○	먹다	먹+음	먹음	먹었음
ㄹ탈락	만들다	만들+ㅁ	만듦	만들었음
ㄷ불규칙	듣다	들+음	들음	들었음
ㅂ불규칙	돕다	도우+ㅁ	도움	도왔음

- 어간의 마지막 음절에 받침이 없으면 어간+ㅁ이 되고, 받침이 있으면 어간+음이 된다.

③ 관련 문법

 -기, -(으)ㄹ 것

주의하세요!

ㄹ탈락의 '-(으)ㅁ'의 정확한 철자를 기억하십시오.

길다	김 (×)	긺 (○)
살다	삼 (×)	삶 (○)
팔다	팜 (×)	팖 (○)
알다	암 (×)	앎 (○)
만들다	만듬 (×)	만듦 (○)

 다음 문장들을 '-(으)ㅁ'을 사용해서 메모체로 바꿔 써 보십시오.

1. 내일 수업은 휴강입니다.　　　　　→ 내일 수업은 휴강임.

2. 내일 신입생 환영회가 취소되었습니다.　→ _______________________.

3. 6월 28일에 기말시험이 있습니다.　→ _______________________.

4. 체육대회가 5월 20일로 연기되었습니다.　→ _______________________.

5. 내일 제주도에 못 갑니다.　　　→ _______________________.

6. 어머니께 전화가 왔습니다.　　　→ _______________________.

연습 2　자리에 없는 동료에게 온 전화를 대신 받았습니다. '-(으)ㅁ'을 사용해서 메모를 쓰십시오.

1. A: 여보세요?

　 B: 유코 씨 있어요?

　 A: 지금 없는데요. 메모 전해 드릴까요?

　 B: 네. 저는 같은 과 친구 김민호입니다.
　　　내일 개강파티가 취소되었다고 전해 주세요.

　 A: 네, 알겠습니다.

⇩

유코 씨,

같은 과 친구 김민호 씨에게서 전화가 왔었음.

내일 개강파티가 _______________________.

징징

2. A: 여보십시오?

   B: 왕명 씨 계십니까?

   A: 지금 샤워 중인데요.

      메모 전해 드릴까요?

   B: 네. 저는 왕명 씨 회사 동료 이미진입니다.

      토요일에 신입사원 환영회가 있다고 전해 주십시오.

      장소는 한국갈비 2층입니다.

   A: 네, 알겠습니다.

⇩

왕밍 씨,

회사 동료 이미진 씨에게서 _______________________________.

토요일에 신입사원 환영회가 _______________________.

장소는 _______________________________.

민수

72 -(으)면

① 의미

-(으)면은 뒷절의 사실 혹은 행위에 대한 조건 혹은 가정을 나타낸다.

① **조건**: 어떤 사실에 대한 조건임을 나타낸다.

제 고향에는 겨울이 **되면** 눈이 많이 옵니다.

저는 매운 음식을 **먹으면** 배가 아파요.

다른 약속이 **없으면** 같이 영화 보러 가요.

학생증이 **있으면** 학교 도서관에서 책을 빌릴 수 있습니다.

② **가정**: 불확실하거나 아직 이루어지지 않은 사실을 가정함을 나타낸다.

복권에 **당첨되면** 반을 부모님께 드릴 거예요.

저는 다시 **태어나면** 화가가 되고 싶어요.

만약에 이번 시험에 **합격하면** 제가 한턱낼게요.

내일 비가 **오면** 운동회가 취소될 겁니다.

② 형태

받침 X	가다	가+면	가면
받침 ○	먹다	먹+으면	먹으면
ㄹ탈락	만들다	만들+면	만들면
ㄷ불규칙	듣다	들+으면	들으면
ㅂ불규칙	덥다	더우+면	더우면

■ 어간의 마지막 음절에 받침이 없으면 어간+면이 되고, 받침이 있으면 어간+으면이 된다.

연습 1 '-(으)면'을 사용해서 문장을 완성하십시오.

1. 겨울이 __되면__ 같이 스키 타러 가요.
　　　　(되다)

2. 내일 날씨가 너무 ＿＿＿＿＿＿＿ 집에서 dvd를 봅시다.
　　　　　　　　　　(춥다)

3. 베이징에 ＿＿＿＿＿＿＿ 북경오리구이를 드셔 보세요.
　　　　　　　(가다)

4. 저는 클래식 음악을 ＿＿＿＿＿＿＿ 잠이 와요.
　　　　　　　　　　(듣다)

5. 우리 남편은 김치가 ＿＿＿＿＿＿＿ 밥을 안 먹어요.
　　　　　　　　　　(없다)

6. 주말에 날씨가 ＿＿＿＿＿＿＿ 야외 수영장에 가서 수영이나 합시다.
　　　　　　　　(덥다)

7. 저는 ＿＿＿＿＿＿＿ 대학원에 진학할 거예요.
　　　　(졸업하다)

연습 2 관계있는 것을 연결하고, '-(으)면'을 사용해서 문장을 만드십시오.

1. 내일 비가 오다　　　　　　　• 시험에 합격하다

2. 남자 친구가 생기다　•　　　　• 부모님께 선물을 사 드리다

3. 장학금을 받다　•　　　　　　• 같이 사진을 찍다

4. 길에서 원빈을 만나다　•　　　• 체육대회를 취소하다

5. 열심히 공부하다　•　　　　　• 밸런타인데이에 초콜릿을 주다

1. 내일 비가 오면 체육대회를 취소할 거예요.

2. ＿＿＿＿＿＿＿＿＿＿＿＿＿＿＿.

3. ＿＿＿＿＿＿＿＿＿＿＿＿＿＿＿.

4. ＿＿＿＿＿＿＿＿＿＿＿＿＿＿＿.

5. ＿＿＿＿＿＿＿＿＿＿＿＿＿＿＿.

73 -(으)면 안 되다

① 의미

-(으)면 안 되다는 어떤 행동을 금지함을 나타낸다. 청자에게 어떠한 행동을 하면 안 된다는 것을 알려 줄 때 주로 사용된다.

A: 수업 시간에 휴대 전화를 사용해도 돼요?
B: 아니요, 수업 시간에 휴대 전화를 **사용하면 안 돼요.**

여기서 사진을 **찍으면 안 됩니다.**
수업 시간에 **늦으면 안 됩니다.**
이 옷은 **물빨래하면 안 됩니다.**
여기서 **좌회전하면 안 됩니다.**

② 형태

받침 X	가다	가+면	가면 안 되다
받침 ○	먹다	먹+으면	먹으면 안 되다
ㄹ탈락	만들다	만들+면	만들면 안 되다
ㄷ불규칙	듣다	들+으면	들으면 안 되다
ㅂ불규칙	줍다	주우+면	주우면 안 되다

■ 어간의 마지막 음절에 받침이 없을 때는 어간+면 안 되다가 되고, 받침이 있을 때는 어간+으면 안 되다가 된다.

③ 관련 문법

36 -아/어도 되다

연습 1 '-(으)면 안 되다'를 사용해서 문장을 완성하십시오.

1. 다른 사람의 가게 앞에 ＿＿＿＿＿＿＿＿＿＿.
   (주차하다)

2. 하숙집에 친구를 ＿＿＿＿＿＿＿＿＿＿.
   (데려오다)

3. 기숙사에서 강아지를 ＿＿＿＿＿＿＿＿＿.
   (키우다)

4. 어른에게 물건을 받을 때는 한 손으로 ＿＿＿＿＿＿＿＿＿.
   (받다)

연습 2 '-(으)면 안 되다'를 사용해서 대화를 완성하십시오.

1. A: 지금 들어가도 됩니까?

   B: 회의 중입니다. 그래서 지금 ＿＿＿＿＿＿＿＿＿.
   (들어가다)

2. A: 도서관에서 음식을 먹어도 됩니까?

   B: 아니요, 도서관에서 ＿＿＿＿＿＿＿＿＿＿＿.
   (음식을 먹다)

3. A: 어른 앞에서 담배를 피워도 돼요?

   B: 아니요, 한국에서는 어른 앞에서 담배를 ＿＿＿＿＿＿＿＿.
   (피우다)

4. A: 숙제를 안 해도 돼요?

   B: 아뇨, 숙제를 ＿＿＿＿＿＿＿＿＿＿.
   (안 하다)

74 -(으)면서

① 의미

-(으)면서는 한 사람이 어떤 행위를 하는 동시에 다른 행위를 함을 나타낸다. 즉, 앞절과 뒷절의 동작이 동시에 일어남을 나타낸다. -(으)면서를 사용할 때 앞절과 뒷절의 주어는 동일해야 한다.

A: 저는 보통 음악을 **들으면서** 공부해요.
B: 그래요? 저는 음악을 들으면 공부가 안 돼요.

저는 **샤워하면서** 노래를 해요.
동생이 **울면서** 말했습니다.
운전하면서 **전화하면** 안 됩니다.

② 형태

받침 X	가다	가+면서	가면서
받침 ○	먹다	먹+으면 서	먹으면서
ㄹ탈락	만들다	만들+면서	만들면서
ㄷ불규칙	듣다	들+으면서	들으면서
ㅂ불규칙	줍다	주우+면서	주우면서

- 어간의 마지막 음절에 받침이 없으면 어간+면서가 되고, 받침이 있으면 어간+으면서가 된다.

연습 1 '-(으)면서'를 사용해서 다음 문장을 완성하십시오.

1. 저는 보통 <u>노래를 부르면서</u> 샤워해요.
      (노래, 부르다)

2. 오늘 인사동을 ___________________ 옛날 남자친구 생각을 했어요.
              (걷다)

3. ___________________ 핸드폰을 사용하면 벌금을 내야 돼요.
     (운전하다)

4. 오늘은 점심 때 너무 바빠서 _______________________ 일했어요.
                     (샌드위치, 먹다)

5. 저는 _____________________ 공부하면 집중을 할 수 없어요.
         (음악, 듣다)

6. 저는 스트레스가 쌓였을 때 커피를 _______________ 클래식 음악을 들으면 스트레스가 풀려요.
                       (마시다)

7. 저는 팝콘이나 오징어를 _________________ 영화 보는 걸 좋아해요.
                 (먹다)

8. 음식을 _________________ 말을 하는 것은 보기 좋지 않습니다.
         (씹다)

9. 저는 가정형편이 좋지 않아서 _________________ 대학에 다녔어요.
                   (일하다)

10. 지난 학기에 영어를 _________________ 한국어도 배웠는데, 아주 힘들었어요.
             (배우다)

75 -(으)ㅂ시다

① 의미

-(으)ㅂ시다는 상대방에게 무언가를 같이 하자고 제안함을 나타내는 표현이다. 비슷한 표현으로는 좀더 비격식적인 상황에서 사용될 수 있는 -아/어요가 있다.

> A: 저녁에 같이 **운동합시다.**
> B: 네, 좋아요.
>
> 주말에 같이 영화를 **봅시다.**
> 이번 휴가에는 제주도에 **갑시다.**
> 저녁에 감자탕을 **먹읍시다.**

② 형태

받침 X	가다	가+ㅂ시다	갑시다
받침 O	읽다	읽+읍시다	읽읍시다
ㄹ탈락	만들다	만들+ㅂ시다	만듭시다
ㄷ불규칙	듣다	들+읍시다	들읍시다
ㅂ불규칙	줍다	주우+ㅂ시다	주웁시다

- 어간의 마지막 음절에 받침이 없으면 어간+ㅂ시다가 되고, 받침이 있으면 어간+읍시다가 된다.

③ 관련 문법

64 -(으)ㄹ까요

문법 비교 '-(으)ㄹ까요'와 '-(으)ㅂ시다'

'-(으)ㄹ까요?'와 '-(으)ㅂ시다'는 모두 무언가 제안하거나 청유하는 표현으로 의미가 비슷하다. 다만 '-(으)ㄹ까요?'는 상대의 의견을 묻는 꼴을 취하고 있어서, '-(으)ㅂ시다'보다는 좀더 부드럽게 제안함을 나타낸다. 아래 대화에서 A1과 같이 '비빔밥을 먹을까요?'라고 하는 것이 상대방(B)이 비빔밥이 아닌 다른 음식을 먹고 싶을 때 자신의 주장을 하기가 덜 부담스럽다.

> A1: 저녁에 비빔밥 먹을까요?
> B: 점심에 비빔밥 먹었으니까 저녁에는 자장면 먹을까요?
>
> A2: 저녁에 비빔밥 먹읍시다.
> B: …

1. A: 해물탕 ＿＿＿＿＿＿＿＿＿＿＿＿＿?
       (시키다)

   B: 해물탕은 너무 매워요. 불고기 ＿＿＿＿＿＿＿＿.
                                   (먹다)

2. A: 수업 후에 도서관에 공부하러 ＿＿＿＿＿＿＿＿?
                                 (가다)

   B: 네, 도서관에서 같이 ＿＿＿＿＿＿＿＿.
                         (가다)

3. A: 오늘 같이 ＿＿＿＿＿＿＿＿＿＿?
                (수영하다)

   B: 오늘은 날씨가 너무 추워요. 수영장에는 다음에 ＿＿＿＿＿＿＿＿.
                                                (가다)

4. A: 힙합을 ＿＿＿＿＿＿＿＿＿?
             (듣다)

   B: 저는 조용한 음악이 좋아요. 클래식을 ＿＿＿＿＿＿＿＿＿.
                                        (듣다)

5. A: 내일 마이클 씨 생일에 딸기 케이크를 ＿＿＿＿＿＿＿＿＿＿?
                                        (만들다)

   B: 마이클 씨는 딸기를 딸기 알레르기가 있어요. 바나나 케이크를 ＿＿＿＿＿＿＿?
                                                            (준비하다)

   A: 그게 좋겠어요. 그럼 내일 바나나 케이크를 ＿＿＿＿＿＿＿＿.
                                            (만들다)

1. 오늘 저녁, 삼겹살, 먹다

   ➜ ＿＿＿＿＿＿＿＿＿＿＿＿＿＿＿＿＿＿＿＿.

2. 창문, 닫다.

   ➜ ＿＿＿＿＿＿＿＿＿＿＿＿＿＿＿＿＿＿＿＿.

3. 내일 3시, 만나다

   ➜ ＿＿＿＿＿＿＿＿＿＿＿＿＿＿＿＿＿＿＿＿.

 -(으)시, 께서 (주어 높임)

1 의미

께서는 주격조사 이/가의 높임말이다. -(으)시-는 동사와 형용사에 붙어 문장의 주어를 높인다.

할머니**께서** 용돈을 **주셨어요.**

사장님**께서는** 언제나 일찍 **출근하십니다.**
어머니는 자장면을 **좋아하세요.**
할아버지**께서는** 지금 **주무십니다.**
할아버지, **진지 드세요.**

2 형태

① 주격조사

이/가 → 께서

여격조사		
에게/한테	→	께
에게서/한테서	→	께

② A/V(으)시-

받침 X	가다	가+시다	가시다
받침 ○	읽다	읽+으시다	읽으시다
ㄹ탈락	만들다	만들+시다	만드시다
ㄷ불규칙	듣다	듣+으시다	들으시다
ㅂ불규칙	줍다	주우+시다	주우시다

■ 어간의 마지막 음절에 받침이 없으면 어간+시가 되고, 받침이 있으면 어간+으시가 된다.

③ 기타

예삿말	높임말	예삿말	높임말
먹다/마시다	드시다/잡수시다	밥	진지
자다	주무시다	사람	분
말하다	말씀하시다	말	말씀
죽다	돌아가시다	생일	생신
아프다	아프시다/편찮으시다	나이	연세
있다	계시다/있으시다	집	댁
주다	주시다	아들	아드님

① **'계시다'와 '있으시다'**: '있다'의 높임말은 '존재하다'의 뜻일 때는 '계시다'이고, '소유하다'의 뜻일 때는 '있으시다'입니다.

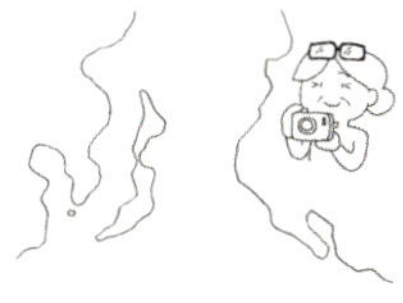

있다

- 있다(존재하다) → 계시다
  - 예 할머니는 미국에 <u>계십니다</u>.
- 있다(소유하다) → 있으시다
  - 예 할머니는 책이 많이 <u>있으십니다</u>.

② **'주시다'와 '드리다'**: '주다'의 높임 표현은 '주시다'와 '드리다' 두 개가 있습니다. 주어를 높일 때는 '주시다'를 쓰고, 객체(받는 대상)를 높일 때는 '드리다'를 씁니다.

주다

- 주체 높임: 주시다
  - 예 <u>선생님께서</u> 마이클에게 사전을 **주셨습니다**.
    (주체인 '선생님'을 높임)
- 객체 높임: 드리다
  - 예 마이클이 <u>선생님께</u> 사전을 **드렸습니다**.
    (객체인 '선생님'을 높임)

 **더** 배워 봅시다

한국어 높임 표현 (경어법)의 종류

- **주체 높임**: 주체경어법. 문장에서 주어 혹은 주어의 행위를 높이는 표현.
  - 예 A/V+(으)시, N께서
- **객체 높임**: 객체경어법. 문장에서 주어의 행위가 미치는 대상인 객체를 높이는 표현.
  - 예 드리다, N께
- **청자 높임**: 상대경어법. 듣는 사람을 높이는 표현.
  - ※ 존대하는 정도에 따라 6개의 등급(합쇼체, 해요체, 하오체, 하게체, 해체, 해라체)이 있다. (이 책에서는 그 중 일상생활에서 많이 쓰이는 네 가지인 '합쇼체, 해요체, 해체, 해라체'를 소개하고 있다.)

[참고] 27 반말 (해체), 31 -(스)ㅂ니다, 40 -아/어요, 19 낮춤말 (해라체)

 높임말을 사용해서 문장을 완성하십시오.

1. 우리 사장님은 여자분<u>이십니다.</u>
　　　　　　　　　　　(이다)

2. 아버지께서는 매일 저녁에 책을 ___________________________.
　　　　　　　　　　　　　　　　　　　　　(읽다)

3. 생일에 할아버지_______________ 선물을 받았습니다.
　　　　　　　　　　(에게서)

4. 오늘 아침에 선생님__________ 꽃을 ___________________.
　　　　　　　　　　(에게)　　　　　　　　(줬다)

5. 어머니는 ____________가 예순 셋____________________.
　　　　　　　　　(나이)　　　　　　　　　　(되다)

6. 아버지께서는 언제나 일찍 _______________.
　　　　　　　　　　　　　　(자다)

7. 징징 씨와 저는 어제 선생님__________에 갔습니다.
　　　　　　　　　　　　　　　(집)

8. 할머니__________ 보통 아침 8시에 ___________을/를 __________________.
　　　　　(는)　　　　　　　　　　　　　(밥)　　　　　　　(먹다)

9. 아버지는 저에게 한국에서 공부하라고 _____________________.
　　　　　　　　　　　　　　　　　　　　(말하다)

10. 큰아버지__________ 저에게 용돈을 _____________________.
　　　　　　　(가)　　　　　　　　　　　　(줬다)

1. A: 이 사과 누가 줬어요?

   B: 어머니께서 <u>주셨어요.</u>
      (줬다)

2. A: 어머니 생신에 뭘 ________________________?
      (줬다)

   B: 선물을 못 샀어요. 그래서 돈을 좀 ______________________.
      (줬다)

3. 사장님은 지금 댁에 ____________________.
      (있다)

4. 할아버지는 차가 두 대 __________________.
      (있다)

연습 3 다음의 동생에 대한 글을 할아버지에 대한 글로 바꾸어 써 보십시오.

오늘은 동생의 생일입니다. 그래서 저녁에 집에서 생일 파티를 했습니다. 동생의 학교 친구들이 많이 왔습니다. 어머니께서 음식을 준비하셨습니다. 그리고 케이크는 제가 만들었습니다. 동생은 친구들에게 모자, 책, 화장품을 선물로 받았습니다. 저는 동생에게 선물로 mp3를 줬습니다. 동생이 아주 기뻐했습니다.

⇩

오늘은 할아버지의 <u>생신</u>입니다. 그래서 집에서 ____________파티를 했습니다. 할아버지의 친구분들이 많이 ____________________. 어머니는 음식을 준비하셨습니다. 그리고 케이크는 할머니____________________. 할아버지는 친구분들께 상품권과 모자, 책을 선물로 ________________. 저는 할아버지____________ 선물로 지갑을 ________________. 할아버지께서는 아주 ________________.

77 -(으)십시오, -(으)세요

① 의미

-(으)십시오와 -(으)세요는 듣는 사람에게 정중하게 명령하거나 요청함을 나타낸다. 강력한 조언을 할 때도 사용된다. -(으)십시오는 격식적인 상황에서 사용하고, -(으)세요는 비격식적인 상황에서 사용한다. 부정형은 -지 마십시오와 -지 마세요이다.

모두들 자리에 **앉으십시오.**
5쪽을 **읽으세요.**
술 **마시지 마세요.**

의견을 **말씀하십시오.**
여기 **앉으세요.**
수업 시간에 **떠들지 마세요.**

② 형태

① -(으)십시오/-(으)세요

받침 X	가다	가+십시오	가십시오 (가세요)
받침 ○	읽다	읽+으십시오	읽으십시오 (읽으세요)
ㄹ탈락	만들다	만들+십시오	만드십시오 (만드세요)
ㄷ불규칙	듣다	들+으십시오	들으십시오 (들으세요)
ㅂ불규칙	줍다	주우+십시오	주우십시오 (주우세요)

- 어간의 마지막 음절에 받침이 없을 때는 어간+십시오/세요가 되고, 받침이 있을 때는 어간+으십시오/으세요가 된다.

② -지 마십시오/-지 마세요

받침 X	가다	가+지 마십시오	가지 마십시오 (가지 마세요)
받침 ○	읽다	읽+지 마십시오	읽지 마십시오 (읽지 마세요)

- 어간의 마지막 음절에 받침이 있고 없고에 관계없이 어간+지 마십시오/마세요가 된다.

• V + (으)십시오/(으)세요	명령, 강력한 조언
• A + (으)십시오/(으)세요	기원

'-(으)십시오'와 '-(으)세요'는 동사와 쓰일 때는 명령을 하거나 강력하게 조언함을 나타내지만, 형용사와 같이 쓰이면 어떤 일이 이루어지기를 기원함을 나타낸다.

공부하세요. 건강하세요.

기본형	-(으)십시오/(으)세요	기본형	-(으)십시오/(으)세요
가다	가십시오/가세요	쉬다	
보다		읽다	읽으십시오/읽으세요
입다	입으십시오/입으세요	앉다	
만들다		살다	사십시오/사세요
열다		팔다	
듣다	들으십시오/들으세요	걷다	
돕다		줍다	주우십시오/주우세요

연습 2 '-(으)세요'를 사용해서 대화를 완성하십시오.

1. A: 책 102페이지를 ___________________. 그리고 큰 소리로 ___________________.
     　　　　　　　　　　　　(펴다)　　　　　　　　　　　　　　　　　(읽다)
   B: 네.

2. A: 실례합니다. 시청역이 어디에 있어요?

   B: 똑바로 300미터쯤 ___________________. 그러면 오른쪽에 시청역이 나와요.
     　　　　　　　　　　　　(가다)

3. A: 어떻게 하면 한국어를 잘할 수 있어요?

   B: 한국어 CD를 많이 ___________________.
     　　　　　　　　　　　(듣다)

연습 3 '-지 마세요'를 사용해서 명령문을 완성하십시오.

1.

전화, 받다 / 지각하다 / 음식, 먹다 / 떠들다

선생님: 수업 시간에 <u>전화를 받지 마세요</u>. _______________________.

　　　　음식을 _______________________. _______________________.

2.

술, 마시다 / 샤워하다 / 담배, 피우다

의사: 술 _______________________. 다음 주 수요일까지 _______________________.

　　　_______________________.

3.

늦게 들어오다 / 술, 많이 마시다

아내: 늦게 _______________________. 술을 많이 _______________________.

78 은/는 (주제)

① 의미

은/는은 명사에 붙어서 문장의 주제(topic)를 나타낸다. 보통 말하는 사람과 듣는 사람이 누구 혹은 무엇에 대해 이야기하고 있는지 알고 있는 상황에 쓰인다. 따라서 문장에서 은/는이 포함된 어구를 생략해도 문제가 없을 때가 많다.

A: 왕명 씨는 중국 사람입니다.
　　(왕명 씨는) 서울대 학생입니다.
B: 그래요? 저도 서울대에 다닙니다.

② 형태

받침 X	요리	요리+는	요리는
받침 ○	이름	이름+은	이름은

- 마지막 음절에 받침이 있으면 은이 붙고, 받침이 없으면 는이 붙는다.

③ 관련 문법

78 은/는 (주제), 84 이/가

이/가 (주격)	은/는 (주제)
● 주어에 초점이 있음. '이/가'는 문장 내에서 주어에 초점이 올 때 (예를 들어, 주어에 대해 질문을 받았을 때) 사용된다. 왼쪽 대화에서는 A가 '누구(주어)'에 대해 물었기 때문에 B의 답변에서 주어에 부분이 중요한 정보가 된다. 따라서 '이/가'를 사용하는 것이 자연스럽다. 서술부인 '중국 사람입니다'는 상황상 화자와 청자 모두 이미 알고 있는 사실이기 때문에 초점을 받지 않는다.	**● 서술부에 초점이 있음.** '은/는'은 서술부에 초점이 올 때 사용된다. 오른쪽 예와 같이, 화자(A)가 '누구'에 대해서 이야기하는지 청자(B)도 이미 알고 있을 때 서술부인 '중국 사람입니다'에 초점이 오게 된다. 이런 경우에 '은/는'을 쓰는 것이 자연스럽다.

A: 누가 중국 사람입니까?
B: 왕명 씨가 중국 사람입니다.

A: 왕명 씨는 중국 사람입니다.
　　서울대 학생입니다.

- **어떤 대상을 소개할 때는 '은/는'을 쓰십시오.**

어떤 대상을 소개할 때는 '이/가'를 쓰면 어색한 표현이 될 수 있으니까 '은/는'을 사용하도록 하십시오. 자신을 소개하거나 누군가를 소개하는 것은 '자신' 혹은 '누군가'를 주제로 삼아 그에 대한 이야기하는 것입니다. 그래서 '-은/는'을 쓰는 것이 자연스럽습니다. 오른쪽 경우와 같이 자기소개를 할 때 '이/가'를 사용하면, 한국 사람들은 '어, 누가 미국 사람인지 묻지도 않았는데 왜 자기가 미국 사람이라고 답하지?'라고 생각합니다.

연습 1 '은/는'을 사용하여 문장을 완성하십시오.

1. 저__는__ 중국 사람입니다.

2. 동생______ 고등학생입니다.

3. 우리 학교______ 신촌에 있습니다.

4. 서울______ 한국의 수도입니다.

5. 징징 씨______ 맥주를 좋아합니다.

6. 뉴욕______ 미국에 있습니다.

7. 유코 씨와 토모코 씨______ 일본 사람입니다.

연습 2 '이/가, 은/는' 중에서 적절한 것을 선택하십시오.

1. 제 이름(이, 가, 은, 는) 왕명입니다. 앞으로 잘 부탁드립니다.

2. A: 누가 회사원입니까?
   B: 수진 씨(이, 가, 은, 는) 회사원입니다.

3. 이 사람은 제 여자 친구입니다. 제 여자친구(이, 가, 은, 는) 회사에 다닙니다.

4. 이 책은 징징 씨(이, 가, 은, 는) 줬어요.

5. 저는 연세대학교 학생입니다. 우리 학교(이, 가, 은, 는) 신촌에 있습니다.

6. A: 어느 가방(이, 가, 은, 는) 마이클 씨의 가방입니까?
   B: 저 가방(이, 가, 은, 는) 제 가방입니다.

① 의미

은/는, 도, 만은 다양한 의미를 더하는 보조사로 은/는은 대조, 도는 포함, 만은 단독의 의미를 나타낸다.

① 은/는 (대조): 은/는은 대립 관계에 있는 것들을 대조함을 나타낸다.

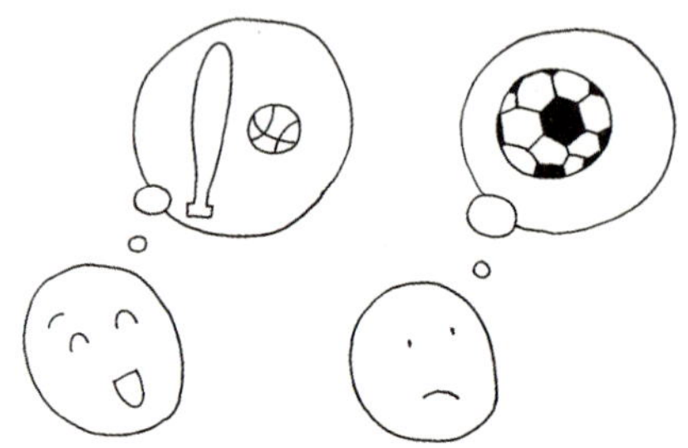

저는 야구**는** 좋아하지만 축구**는** 안 좋아해요.

화자가 말하는 것 이외에 다른 어떤 것이나 상황을 배제하는 의미도 가진다. '저는 소주는 못 마셔요.'라고 하면 '다른 술은 잘 마시는지 못 마시는지 모르지만'이나 '대부분의 다른 술은 잘 마시지만'의 의미를 나타낼 수 있다.

저는 소주**는** 못 마셔요.

② N도: 도는 어떤 것이 포함되어 있고 거기에 더함을 나타낸다.

왕명 씨는 공부를 잘해요. 그리고 운동**도** 잘해요.

수진 씨는 머리**도** 좋고, 얼굴**도** 예쁩니다.

③ **N만 (단독):** 만은 다른 것을 모두 배제함(오직)을 나타낸다.

저는 과일은 사과**만** 좋아해요.

수량을 나타내는 표현 뒤에 쓰일 때는 '더 요구하지 않음 (no more)'의 의미를 나타낸다.

② 형태

① 은/는

받침 X	친구	친구+는	친구는
받침 ○	학생	학생+은	학생은

- 은/는은 마지막 음절에 받침이 없으면 는이 붙고, 받침이 있으면 은이 붙는다.

② N도/만

받침 X	친구	친구+도/만	친구도/친구만
받침 ○	학생	학생+도/만	학생도/학생만

- 도와 만은 앞에 오는 명사에 받침이 있고 없고에 관계없이 각각 명사 뒤에 도와 만이 붙는다.

③ 관련 문법

79 은/는(주제)

 '은, 는, 도, 만' 중에서 적절한 것을 선택하십시오.

1.

저는 스케이트는 탈 수 있지만 스키(은, 는, 도, 만) 못 타요

2.

저는 아침에는 우유(은, 는, 도, 만) 마십니다.

3.

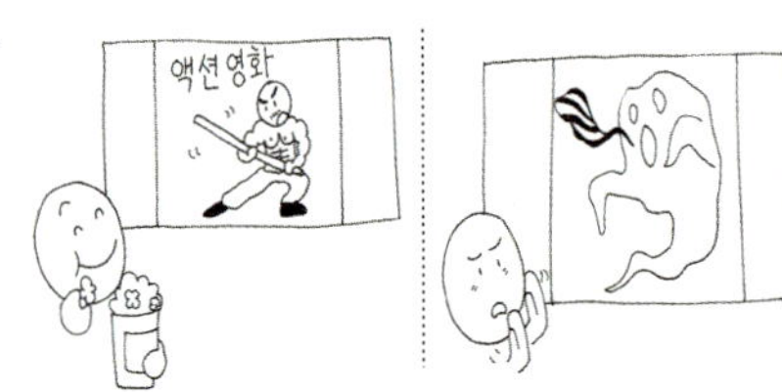

액션영화는 좋아하지만 공포 영화(은, 는, 도, 만) 별로
안 좋아합니다.

4.

마이클 씨는 영화도 자주 보고 책(은, 는, 도, 만) 많이
읽습니다.

연습 2 '은, 는, 도, 만' 중에서 적절한 것을 선택하십시오.

1. A: 저녁에 뭐 먹을까요? 불고기 먹을까요? 삼겹살 먹을까요?

   B: 전 다 좋아요.

   저는 불고기(은, 는, 도, 만) 좋아하고 삼겹살(은, 는, 도, 만) 좋아하거든요.

2. A: 어, 지갑을 놓고 왔네요.

   1,000원(은, 는, 도, 만) 빌려 주세요. 내일 줄게요.

   B: 그래요. 1,000원 여기 있어요.

3. A: 저는 듣기하고 읽기(은, 는, 도, 만) 잘하는데, 말하기하고 쓰기(은, 는, 도, 만) 잘 못해서 걱정이에요.

   B: 걱정하지 마세요.

   다음 학기부터 열심히 하면 잘할 수 있을 거예요.

4. A: 우리 아이는 고기(은, 는, 도, 만) 좋아해서 큰일이에요.

   B: 고기(은, 는, 도, 만) 먹으면 건강에 좋지 않아요.

   고기(은, 는, 도, 만) 먹고 야채(은, 는, 도, 만) 많이 먹는 게 좋아요.

5. A: 김치가 너무 맵네요.

   김치볶음밥(은, 는, 도, 만) 매워요?

   B: 아니요, 김치볶음밥(은, 는, 도, 만) 안 매워요.

80 을/를

① 의미

을/를은 목적격조사로 명사에 붙어서 문장의 목적어를 만든다. 을/를에 붙은 명사가 문장에서 행위의 대상이 됨을 나타낸다.

> A: 아침에 무엇을 먹습니까?
> B: 보통 빵을 먹습니다.
>
> 저는 요즘 한국어를 배웁니다.
> 토요일에 같이 영화를 볼까요?
> 어제 늦게까지 일을 해서 오늘 너무 피곤해요.

② 형태

받침 X	사과	사과+를	사과를
받침 ○	빵	빵+을	가방을

- 명사의 마지막 음절에 받침이 있으면 을이 붙고, 받침이 없으면 를이 붙는다.

주의하세요!

- 저는 사과가 좋아합니다.(×)
- 저는 사과를 좋아합니다.(○)

- 저는 사과를 좋아요.(×)
- 저는 사과가 좋아요.(○)

'을/를 좋아하다'와 '이/가 좋다'를 혼동하지 마십시오. 두 표현은 의미는 같지만, 문법적인 차이가 있습니다. '좋아하다' 앞에는 '을/를'이 오고, '좋다' 앞에는 '이/가'가 옵니다. 쉬운 문법이지만 혼동해서 말하는 사람이 많으니 주의하십시오.

연습 1 '을, 를'을 사용해서 문장을 완성하십시오.

1. 저는 김밥__을__ 좋아합니다.

2. 여자 친구와 영화______ 봅니다.

3. 한국 노래____ 듣습니다.

4. 저는 돼지고기______ 안 먹습니다.

5. 저는 운동____ 싫어합니다.

6. 저는 식사 후에 커피____ 마십니다.

7. 왕밍 씨는 한국어____ 공부합니다.

8. 토모코 씨는 요즘 한국어와 영어____ 공부합니다.

연습 2 '이, 가, 을, 를' 중 적절한 것을 선택하여 문장을 완성하십시오.

1. 유코 씨는 한국 음식(이, 가, 을, 를) 좋아해요.

2. 저는 삼겹살(이, 가, 을, 를) 좋아요.

3. 저는 소주하고 맥주(이, 가, 을, 를) 좋아해요.

4. 마이클(이, 가, 을, 를) 비빔밥(이, 가, 을, 를) 좋아해요.

5. 저는 한국 노래(이, 가, 을, 를) 좋아요.

6. 징징(이, 가, 을, 를) 빵(이, 가, 을, 를) 좋아해요.

7. 오렌지 주스(이, 가, 을, 를) 좋아해요.

81 을/를 위해, -기 위해

1 의미

을/를 위해, -기 위해는 어떤 대상에 이롭게 함을 나타내거나 그 앞에 오는 것이 목적임을 나타낸다.
을/를 위하여, 을/를 위해서의 형태로도 쓰인다.

① 이롭게 함

나라**를 위해** 싸우는 군인이 되고 싶습니다.

어머니**를 위해** 집을 청소했습니다.

② 목적

건강**을 위해** 무엇을 해야 할까요?

방학 동안 학비를 **벌기 위해** 아르바이트를 했습니다.

시험에 **합격하기 위해** 하루 세 시간씩 공부하고 있습니다.

2 형태

① N을/를 위해

받침 X	친구	친구+를 위해	친구를 위해
받침 ○	한국	한국+을 위해	한국을 위해

- 마지막 음절에 받침이 없으면 를 위해가 오고, 받침이 있으면 을 위해가 온다.

② V기 위해

받침 X	가다	가+기 위해	가기 위해
받침 ○	먹다	먹+기 위해	먹기 위해

- 어간의 마지막 음절에 받침이 있고 없고에 관계 없이 어간+기 위해가 된다.

연습 1 '을/를 위해'를 사용해서 다음을 완성하십시오.

1. 동생이 다리를 다쳐서 병원에 있습니다. 저는 아픈 <u>동생을 위해</u> 책을 읽어 줬습니다.
   (동생)

2. 왕명 씨는 배가 아픕니다. 저는 ＿＿＿＿＿＿＿＿＿＿ 약을 사 줬습니다.
   (왕명 씨)

3. 오늘은 남자 친구의 생일입니다. 저는 ＿＿＿＿＿＿＿＿＿＿ 파티를 준비했습니다.
   (남자 친구)

4. 세종대왕은 ＿＿＿＿＿＿＿＿＿＿＿＿＿＿＿ 한글을 만드셨습니다.
   (한자를 못 읽는 사람들)

5. 토모코 씨는 ＿＿＿＿＿＿＿＿ 담배를 끊었습니다.
   (건강)

연습 2 관계있는 것을 연결하고 '-기 위해서'를 사용해서 문장을 만드십시오.

〈하고 있는 일〉   〈목적〉

1. 집을 사다   •   • 영어를 배우다

2. 살을 빼다   •   • 한국 텔레비전을 보다

3. 취직하다   •   • 의과대학에 다니다

4. 한국어를 잘하다 •   • 저금하다

5. 의사가 되다   •   • 매일 운동하다

1. ＿＿＿＿＿＿＿＿＿＿＿＿＿＿＿＿＿＿＿＿＿＿＿＿.

2. ＿＿＿＿＿＿＿＿＿＿＿＿＿＿＿＿＿＿＿＿＿＿＿＿.

3. <u>취직하기 위해서 영어를 배우고 있습니다.</u>＿＿＿＿＿＿＿＿＿.

4. ＿＿＿＿＿＿＿＿＿＿＿＿＿＿＿＿＿＿＿＿＿＿＿＿.

5. ＿＿＿＿＿＿＿＿＿＿＿＿＿＿＿＿＿＿＿＿＿＿＿＿.

82 의

① 의미

의는 앞의 명사가 뒤에 오는 명사에 대해 소유, 소속, 관계 등의 의미를 나타낸다. 소유격 의는 [에]로도 발음이 된다.

> A: 누구**의** 가방입니까?
> B: 그건 왕명 씨**의** 가방이에요.
>
> 이것은 민호 씨**의** 가방입니다.
> 이 책은 **내** 거예요.

② 형태

① 명사 + 의

유코	유코의
왕명	왕명의

- 명사의 마지막 음절에 받침이 있고 없고에 관계없이 의가 붙는다.

② 대명사 + 의

나의 → 내	저의 → 제	너의 → 네

- 구어체에서 나, 저, 너 같은 대명사 뒤에 의가 올 때는 주로 줄여서 사용한다.

③ '의'의 생략

비격식적 구어체에서는 다음과 같이 의를 생략해서 말하는 경우가 많다.

누구의 가방이에요?	→	누구 가방이에요?
선생님의 가방이에요.	→	선생님 가방이에요.
누구의 것입니까?	→	누구 거예요?

 **주의하세요!**

- 내 거예요.(○) 　　내 꺼예요.(×)
- 제 겁니다.(○) 　　제 껍니다.(×)

한국 사람이나 외국 사람들 중에 '내 꺼'라고 쓰는 사람들이 많은데, '내 꺼'는 틀린 표현입니다. '내 거'는 '나의 것'이 줄여진 표현으로, [내 께]라고 발음하지만, 쓸 때는 '내 거'라고 쓰는 것이 맞습니다.

연습 1 '의'를 사용해서 다음 문장을 완성하십시오.

1. 이거 누구의 가방입니까?

2. 그것은 선생님______ 사전입니다.

3. 이것은 누구______ 책입니까?

4. 저것은 마이클______ 옷입니까?

5. 이 책은 마이클______ 것입니다.

연습 2 다음 문장을 완성하십시오.

1. 그것은 ___제___ 가방입니다.
       (저)

2. 이 공책은 __________ 것입니다.
         (나)

3. __________ 이름은 민호입니다.
  (나)

4. 이거 __________ 가방이야?
       (너)

5. _________ 동생은 고등학생이에요.
  (저)

83 이·그·저, 이것·그것·저것

① 의미

이는 말하는 사람에게 가까운 것을 가리킬 때 사용되고, **그**는 듣는 사람에게 가까운 것을 가리키거나 대화를 나누는 현장에 없는 것을 가리킬 때 사용된다. **저**는 말하는 사람과 듣는 사람 모두에게 멀리 있는 것을 가리킬 때 사용된다.

A: **이것**은 카메라입니까?
B: 아니요, **그것**은 핸드폰입니다.

② 형태

① 이것·그것·저것 (지시대명사)

- 사물: 이것, 그것, 저것
- 장소: 이곳(=여기), 그곳(=거기), 저곳(=저기)

> **● 이것·그것·저것+조사**
>
> 구어체 대화에서는 주로 다음과 같이 줄여서 사용한다.
>
> 이것+이: 이것이 → 이게   그것이 → 그게   저것이 → 저게
> 이것+을: 이것을 → 이걸   그것을 → 그걸   저것을 → 저걸
> 이것+은: 이것은 → 이건   그것은 → 그건   저것은 → 저건

② 이·그·저 (지시관형사)

이	이 사람	이 책
그	그 사람	그 책
저	저 사람	저 책

연습 1 '이, 그, 저'를 사용해서 대화를 완성하십시오.

1.
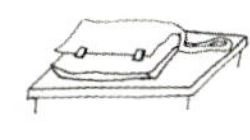

A: 저기 (이, 그, 저) 가방은 누구의 가방입니까?

B: (이, 그, 저) 가방은 민수 씨의 가방입니다.

2.

A: 마이클 씨 앞에 있는 (이, 그, 저) 가방은 마이클 씨 가방이에요?

B: 네, (이, 그, 저) 가방은 제 가방이에요.

3.

A: 어제 도서관에서 마이클 씨를 만났어요.

B: (이, 그, 저) 사람은 몇 살이에요?

4.

A: 여기 (이, 그, 저) 사과 얼마예요?

B: (이, 그, 저) 사과는 한 개에 1200원입니다.

5.

A: (이, 그, 저) 식당 이름이 뭐예요?

B: (이, 그, 저) 이름은 서울 식당이에요.

연습 2 적절한 것을 골라 대화를 완성하십시오.

1. A: 왕명 씨, (이게, 이건, 이걸) 드세요.
   B: 고마워요. 잘 먹겠습니다.

2. A: 어느 것이 마이클 씨의 컵입니까?
   B: (이게, 이건, 이걸) 마이클 씨의 컵입니다.

3. A: 이거 핸드폰이에요?
   B: 아니요, (그게, 그건, 그걸) 카메라예요.

4. A: 뭘 드릴까요?
   B: (저게, 저건, 저걸) 주세요.

84 이/가

① 의미

이/가는 주격조사로 명사에 붙어서 문장의 주어를 만든다. 문장의 주체가 누구 혹은 무엇인지 나타낸다.

A: 뭐**가** 맛있어요?
B: 비빔밥**이** 맛있어요

비빔밥**이** 맛있어요.
커피**가** 비싸요.
제니퍼**가** 집에 왔습니다.

② 형태

받침 X	친구	친구+가	친구가
받침 O	선생님	선생님+이	선생님이

- 명사의 마지막 음절에 받침이 없으면 가가 붙고, 받침이 있으면 이가 붙는다.

③ 관련 문법

 78 은/는 (주제)

 **더** 배워 봅시다

'이/가'의 생략

- 일상 대화에서는 아래의 A와 B의 대화에서처럼 '이/가'가 생략될 때가 많다.

  A: 민호 왔어요?
  B: 아니요, 민호 아직 안 왔어요.

- D처럼 '이/가'가 붙는 단어가 대화에서 핵심적인(중요한) 정보일 때는 생략되지 않는다. C가 '누가' 과자를 먹었는지 물었기 때문에 D에서는 '누가' 먹었는지가 대화에서 가장 중요한 정보이다. 따라서 이때는 '가'를 생략할 수 없다.

  C: 내 과자 누가 먹었어요?
  D: 민호**가** 먹었어요.(○)
  　　민호 먹었어요.(×)

 '이/가'를 사용해서 문장을 완성하십시오.

1. 가방<u>이</u> 예쁩니다.

2. 책___ 재미있습니다.

3. 불고기___ 맛있습니다.

4. 옷___ 작습니다.

5. 김치___ 맵습니다.

6. 친구___ 옵니다.

7. 시계___ 책상 위에 있습니다.

8. 바나나와 수박___ 비쌉니다.

9. 샤오린하고 토모코___ 있습니다.

85 (이)나, -거나

① 의미

-(이)나와 -거나는 각각 명사와 동사에 붙어 둘 이상의 대상을 나열하거나 그 중 하나를 선택함을 나타낸다.
-(이)나는 아주 만족스럽지는 않지만 어느 정도 괜찮은 선택임을 나타내기도 한다.

① **선택**: 둘 이상의 대상을 나열하거나 그중 하나를 선택함을 나타낸다.

    A: 점심에는 뭘 드세요?

    B: 점심에는 햄버거**나** 샌드위치를 먹어요.

    콜라**나** 주스 주세요.

    저는 화장실에서 만화책**이나** 잡지를 봐요.

    저는 주말에 보통 친구를 **만나거나** 집에서 쉬어요.

    수업 후에 학교식당에서 밥을 **먹거나** 도서관에 가요.

② **차선**: 아주 만족스럽지는 않지만 어느 정도 괜찮은 선택임을 나타낸다.

    A: 뭘 먹을까요?

    B: 된장찌개**나** 먹읍시다.

    차**나** 한 잔 합시다.

    나중에 식사**나** 합시다.

    수업 후에 영화**나** 볼까요?

② 형태

① N(이)나

받침 X	차	차+나	차나
받침 ○	책	책+이나	책이나

- 마지막 음절에 받침이 있으면 나가 붙고, 받침이 없으면 이나가 붙는다.

② A/V거나

받침 X	가다	가+거나	가거나
받침 ○	먹다	먹+거나	먹거나

- 어간의 마지막 음절에 받침이 있고 없고에 관계없이 어간+거나가 된다.

1. 저는 아침에는 보통 <u>빵이나 죽</u>을 먹습니다.
   (빵, 죽)

2. 지하철에서는 ______________________을 읽습니다.
   (잡지, 신문)

3. ______________________는 건강에 좋지 않습니다.
   (술, 담배)

4. 부모님 생신에는 ______________________을 드립니다.
   (선물, 상품권)

5. 여자 친구 생일에는 ______________________를 선물합니다.
   (가방, 구두)

연습 2 '(이)나' 혹은 '-거나'를 사용해서 대화를 완성하십시오.

1.

A: 점심에 뭘 먹을 거예요?

B: <u>된장찌개나 비빔밥을 먹을 거예요.</u>

된장찌개, 비빔밥

2.

A: 어디로 여행 가고 싶어요?

B: ______________________________.

파리, 뉴욕

3.

A: 수업이 끝나면 뭘 해요?

B: ______________________________.

도서관에 가다, 친구를 만나다

4.

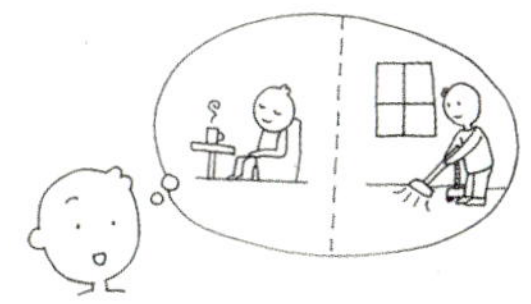

A: 일요일에는 보통 뭐 해요?

B: ______________________________.

쉬다, 청소하다

86 이다, 이/가 아니다

① 의미

이다는 명사에 붙어서 서술어를 만든다. 이다로 만든 서술어는 주어(S)=명사(N)을 나타낸다. 이다(입니다, 이에요/예요)의 의문형은 입니까, 이에요/예요며, 이다의 부정형은 이/가 아니다(이/가 아닙니다, 이/가 아니에요)이다.

A: 요시오 씨는 중국 사람**입니까**?
B: 아니요, 저는 중국 사람**이 아닙니다**. 일본 사람**입니다**.

저는 의사**입니다**.   저는 의사**가 아닙니다**.
이것은 사전**입니다**.   이것은 사전**이 아닙니다**.
제 이름은 유코**예요**.   제 이름은 유코**가 아니에요**.
오늘은 금요일**이에요**.   오늘은 금요일**이 아니에요**.

② 형태

		격식		비격식	
이다	받침×: 우유	우유+입니다	우유입니다	우유+예요	우유예요
	받침○: 집	집+입니다	집입니다	집+이에요	집이에요
이/가 아니다	받침×: 우유	우유+가 아닙니다	우유가 아닙니다	우유+가 아니에요	우유가 아니에요
	받침○: 집	집+이 아닙니다	집이 아닙니다	집+이 아니에요	집이 아니에요

> 구어체에서는 명사의 마지막 음절에 받침이 없을 때는 'ㅂ니다'가 붙기도 한다.
>
> 우유   우유+ㅂ니다   우윱니다

 **주의하세요!**

① '예요'와 '아니에요'를 쓸 때 철자에 주의해야 합니다. 발음이 비슷하기 때문에 한국 사람 중에도 잘못 쓰는 사람들이 많습니다. 정확한 철자를 기억하십시오.

- 저는 한국 사람이 아니예요. (×)   중국 사람이예요. (×)
- 저는 한국 사람이 아니에요. (○)   중국 사람이에요. (○)

② '이다' 앞에는 '이/가'가 오지 않습니다.

- 저는 학생이 입니다. (×)
- 저는 학생입니다. (○)

연습 1 '입니다'와 '이/가 아닙니다'를 사용해서 다음 대화를 완성하십시오.

1. A: 제니퍼 씨는 캐나다 사람입니까?

   B: 네, <u>캐나다 사람입니다.</u>
   　　　　(캐나다 사람)

2. A: 이것은 사전입니까?

   B: 네, 그것은 한국어 사전__________________.

3. A: 이것은 설탕입니까?

   B: 아니요, 그것은 설탕__________________. 소금__________________.

4. A: 전공이 경영학입니까?

   B: 아니요, 제 전공은 컴퓨터 공학__________________.

연습 2 '이에요/예요', '이/가 아니에요'를 사용해서 다음 대화를 완성하십시오.

1. A: 왕순 씨는 한국 사람이에요?

   B: 아니요, 한국 사람<u>이 아니에요</u>. 중국 사람<u>이에요</u>.

2. A: 이것은 포도 주스예요?

   B: 아니요, 포도 주스__________________. 와인__________________.

3. A: 마이클 씨는 의사__________________?

   B: 아니요, 저는 의사__________________. 영어 선생님__________________.

4. A: 저것은 구두예요?

   B: 아니요, 저것은 구두__________________. 운동화__________________.

87 '일, 이, 삼', '하나, 둘, 셋' (수)

① 의미

한국어 수를 말하는 방법에는 한자어계와 고유어계 두 가지가 있다. 사물·사람의 수를 셀 때는 고유어를 사용하고, 전화 번호, 금액 등을 말할 때는 한자어를 사용한다.

① 한자어계: 일, 이, 삼…

   A: 얼마예요?

   B: <u>4,500</u>원입니다.
      사천오백

② 고유어계: 하나, 둘, 셋…

   A: 햄버거 **하나** 주세요.

   B: 여기 있습니다.

② 형태

① 일, 이, 삼…

1	2	3	4	5	6	7	8	9	10
일	이	삼	사	오	육	칠	팔	구	십

11	12	13	14	15	16	17	18	19	20
십일	십이	십삼	십사	십오	십육	십칠	십팔	십구	이십

10	20	30	40	50	60	70	80	90	100
십	이십	삼십	사십	오십	육십	칠십	팔십	구십	백

1,000	10,000	100,000	1,000,000	10,000,000	100,000,000
천	만	십만	백만	천만	1억

78	314	42,111	501,047	123,456
칠십팔	삼백십사	사만 이천백십일	오십만 천사십칠	십이만 삼천사백오십육

② 하나, 둘, 셋…

1	2	3	4	5	6	7	8	9	10
하나	둘	셋	넷	다섯	여섯	일곱	여덟	아홉	열
11	12	13	14	15	16	17	18	19	20
열하나	열둘	열셋	열넷	열다섯	열여섯	열일곱	열여덟	열아홉	스물
30	40	50	60	70	80	90			
서른	마흔	쉰	예순	일흔	여든	아흔			

고유어는 '하나(1)'부터 '아흔아홉(99)'까지밖에 없다. '백(100)'부터는 한자어나 한자어와 고유어의 합성형을 쓴다.

예 99(아흔아홉), 100(백), 101(백하나)

 주의하세요!

- 일십, 일백, 일천, 일만 (?)

A: 얼마예요?
B: 일만 사천 원입니다.(?)
　 만 사천 원입니다.(○)

10, 100, 1000, 10000은 일상생활의 가벼운 대화에서는 '일십, 일백, 일천, 일만'으로 읽지 않습니다. 단, 방송 등의 공식적인 상황에서 숫자를 아주 정확히 말해야 하는 특별한 경우에는 '일십, 일백, 일천, 일만'으로 읽기도 합니다.

연습 1 다음 수를 읽으십시오.

1. 13   십삼

2. 1,408 _______________________

3. 14,000 _______________________

4. 90,701 _______________________

5. 874,030 _______________________

6. 6,700,500 _______________________

7. 510,103 _______________________

8. 300,020 _______________________

9. 31,400,000 _______________________

10. 86,142,300 _______________________

1. 제 가방은 ______십오만______ 원입니다.
   (₩150,000)

2. 침대를 ________________원에 샀습니다.
   (₩205,000)

3. ________________원짜리 노트북을 샀습니다.
   (₩1,599,000)

4. 이 냉장고는 ________________원인데, 10% 세일해서 ________________원입니다.
   (₩2,200,000)   (₩1,980,000)

5. 이 자동차는 ________________원입니다.
   (₩32,180,000)

6. 우리 아파트는 ________________원입니다.
   (₩350,000,000)

88 -자마자

① 의미

-자마자는 어떤 행위가 끝나고 바로 다른 행위가 시작됨을 나타낸다.

A: 아침에 일어나면 제일 먼저 뭘 해요?
B: 저는 아침에 **일어나자마자** 화장실에 가요.

수업이 **끝나자마자** 휴대폰을 켰습니다.
방으로 **들어가자마자** 창문부터 열었습니다.
마이클은 침대에 **눕자마자** 코를 골기 시작했습니다.

② 형태

받침 X	가다	가+자마자	가자마자
받침 O	먹다	먹+자마자	먹자마자

■ 어간의 마지막 음절에 받침이 있고 없고에 관계없이 어간+자마자가 된다.

문법 비교 '-자마자'와 '-자'

'-자마자'와 '-자'는 의미가 유사하여, 서로 바꿔 쓸 수 있다. 단, '-자' 다음에는 명령이나 권유를 나타내는 표현이 올 수 없다.

● **-자마자 + 명령·권유·제안 (○)**	집에 <u>가자마자</u> 숙제부터 해. (○) 제주도에 <u>도착하자마자</u> 회를 먹으러 갑시다. (○)
● **-자 +명령·권유·제안 (×)**	집에 <u>가자</u> 숙제부터 해. (×) 제주도에 <u>도착하자</u> 회를 먹으러 갑시다. (×)

연습 1 '-자마자'를 사용해서 다음 대화를 완성하십시오.

1. A: 여보, 오늘은 늦지 마세요.
   B: 알았어요. 오늘은 <u>퇴근하자마자</u> 집으로 갈게요.
      (퇴근하다)

2. 집에 급한 일이 있으니까 수업이 _________________ 연락 주세요.
   (끝나다)

3. A: 언제 차를 샀어요?
   B: 저는 운전면허증을 _________________ 차를 샀어요.
      (따다)

4. 감기에 걸리지 않으려면 집에 _________________ 손을 씻고 이를 닦아야 해요.
   (들어오다)

5. A: 두 사람은 언제 헤어졌대요?
   B: 남자친구가 군대에 _________________ 수진 씨가 다른 남자를 만났대요.
      (가다)

6. A: 아침에 일어나면 제일 먼저 뭐해요?
   B: 저는 아침에 눈을 _________________ 안경부터 써요. 안경을 안 쓰면 하나도 안 보이거든요.
      (뜨다)

7. 영화 '올드보이'는 _________________ 100만명이 보러 갔다고 해요.
   (개봉하다)

8. 커피숍 문을 _________________ 세 사람이 커피를 사러 커피숍 안으로 들어왔어요.
   (열다)

9. 저는 집에 수업 후에 _________________ 이메일부터 확인해요.
   (가다)

10. 선생님이 _________________ 아이들은 다시 떠들기 시작했습니다.
    (나가시다)

연습 2 맞는 표현에 모두 O표 하십시오.

1. 어제 수업이 (끝나자마자, 끝나자) 햄버거를 먹으러 갔어요.

2. 집에 (가자마자, 가자) 전화해 주세요.

3. (방학하자마자, 방학하자) 하와이에 갑시다.

4. 방에 (들어가자마자, 들어가자) 텔레비전을 켰습니다.

5. 수업이 (시작하자마자, 시작하자) 핸드폰을 껐어요.

89 중에서 가장/제일, 에서 가장/제일

① 의미

중에서 제일/가장과 에서 제일/가장은 2개 이상의 것을 비교할 때 최상임을 나타낸다. 중에서 제일/가장은 구성원, 종류 다음에 쓰고, 에서 제일/가장은 집단 다음에 쓴다.

마이클 씨, 민호 씨, 유코 씨 **중에서** 민호 씨가 **제일** 커요.

우리 반**에서** 민호 씨가 **제일** 커요.

① 구성원, 종류+중에서 가장/제일

과일 **중에서** 포도를 **제일** 좋아해요.

바나나, 딸기, 사과 **중에서** 딸기가 **가장** 맛있어요.

우리 반 사람들 **중에서** 토모코 씨가 한국어를 **가장** 잘해요.

이 영화는 내가 본 영화 **중에서 제일** 재미있어요.

② 집단, 조직, 지역+에서 가장/제일

왕명 씨가 우리 반**에서** 키가 **가장** 큽니다.

우리 학교**에서 가장** 큰 건물은 도서관입니다.

서울**에서** 가장 높은 건물은 63빌딩입니다.

세계**에서** 인구가 **가장** 많은 나라는 중국이에요.

② 형태

N 중에서 가장

N에서 가장

③ 관련 문법

28 보다 더

연습 1 '에서 가장/제일'과 '중에서 가장/제일'을 이용해서 문장을 완성하십시오.

1. 서울(에서, 중에서)가장 큰 시장은 남대문시장입니다.

2. 한국 음식(에서, 중에서) 어떤 음식을 제일 좋아해요?

3. 세계(에서, 중에서) 인구가 가장 많은 나라는 중국입니다.

4. 유학생들(에서, 중에서) 누가 한국어를 제일 잘해요?

5. 우리 반(에서, 중에서) 마이클 씨가 운동을 제일 잘합니다.

6. 꽃(에서, 중에서) 장미가 제일 예쁜 것 같아요.

7. 우리 학교(에서, 중에서) 제일 큰 건물은 도서관입니다.

8. 저는 한국 영화(에서, 중에서) '친구'가 가장 재미있었어요.

9. 한국 사람(에서, 중에서) 김치를 못 먹는 사람이 있어요?

10. 저는 한국 연예인(에서, 중에서) 배용준이 제일 좋아요.

연습 2 '보다 더', '중에서 제일/가장', '에서 제일/가장'을 사용해서 대화를 완성하십시오.

1. A: 오늘 우리 반에서 누가 가장 빨리 왔어요?

   B: 왕명 씨가 제일 일찍 왔어요.

2. A: 한국 음식______________ 뭘 잘 드세요?

   B: 잡채하고 불고기하고 삼겹살을 좋아해요.

   A: 그 ________________ 뭐가 제일 맛있어요?

   B: 잡채가 ________________ 맛있어요.

3. A: 한국어가 영어______________ 어려워요?

   B: 네, 저는 그런 것 같아요.

4. A: 과일 좋아하세요?

   B: 네, 과일은 모두 좋아하지만, 과일 ____________ 포도를 ____________ 좋아해요.

5. A: 술 ______________ 뭘 ____________ 좋아하세요?

   B: 맥주하고 와인을 좋아해요. 독한 술은 별로 안 좋아해요.

6. A: 웬시 씨 친구들______________ 누가 __________ 노래를 잘해요?

   B: 징징 씨하고 구어멩 씨요. 그런데 한국 노래는 징징 씨가 구어멩 씨________ 잘해요.

① 의미

-지만은 앞절과 뒷절의 내용이 상반 혹은 양보의 의미를 가짐을 나타낸다. A/V(으)나와 의미가 같다.

A: 해물탕과 삼계탕은 모두 매워요?
B: 해물탕은 **맵지만** 삼계탕은 안 매워요.

① **상반**: 앞절과 뒷절의 내용이 상반됨을 나타낸다.
  우리 언니는 키가 **크지만**, 저는 키가 작아요.
  고등학교 때 국어와 영어는 **잘했지만**, 수학은 못했어요.

② **양보**: 앞절의 내용을 인정하면서 앞의 내용과 뒤의 내용이 대립됨을 나타낸다.
  한국어가 **어렵지만** 열심히 공부할 거예요.
  비가 **왔지만** 산에 올라갔습니다.

② 형태

① **A+지만**

받침 X	크다	크+지만	크지만
받침 O	작다	작+지만	작지만

② **V+지만**

받침 X	가다	가+지만	가지만
받침 O	먹다	먹+지만	먹지만

■ 형용사, 동사 모두 어간의 마지막 음절에 받침이 있고 없고에 관계없이 어간+지만이 된다.

③ 관련 문법

55 -(으)ㄴ데/는데

1. A: 이 가방은 어떻습니까?

   B: 디자인은 <u>예쁘지만</u> 너무 비싸요. 다른 걸 보여 주세요.
   　　　　(예쁘다)

2. A: 해물탕 먹어 봤어요? 맛있어요?

   B: ＿＿＿＿＿＿＿ 너무 매워서 다시 먹고 싶지 않아요.
   　　(맛있다)

3. A: 어제 소개 받은 웨인 씨하고 다시 만날 거예요?

   B: 아니요. 웨인 씨는 ＿＿＿＿＿＿＿ 성격이 안 좋아요. 저는 착한 사람이 좋아요.
   　　　　　　　　(잘생겼다)

4. A: 새로 이사한 하숙집이 마음에 들어요?

   B: 새집이어서 ＿＿＿＿＿＿＿ 화장실을 다른 사람하고 같이 써야 돼서 불편해요.
   　　　　　　(깨끗하다)

5. A: 한국어 공부 잘 돼요?

   B: 매일 한 시간씩 ＿＿＿＿＿＿＿ 아직 잘 못해요.
   　　　　　　　(공부하다)

6. A: 감기는 좀 어때요?

   B: 약을 ＿＿＿＿＿＿＿ 감기가 잘 안 낫네요.
   　　　　(먹었다)

연습 2 '-지만'을 사용해서 문장을 완성하십시오.

1. 동생은 키가 커요. 저는 키가 작아요.

   ➡ <u>동생은 키가 크지만 저는 작아요.</u>

2. 그 식당은 분위기가 좋아요. 그 식당은 음식이 맛이 없어요.

   ➡ ＿＿＿＿＿＿＿＿＿＿＿＿＿＿＿＿＿.

3. 마이클은 바빠요. 마이클은 제 숙제를 도와줬어요.

   ➡ ＿＿＿＿＿＿＿＿＿＿＿＿＿＿＿＿＿.

4. 저는 술을 마실 수 있어요. 저는 오늘은 술을 안 마시고 싶어요.

   ➡ ＿＿＿＿＿＿＿＿＿＿＿＿＿＿＿＿＿.

1 의미

-지요는 내가 경험한 것 혹은 알고 있는 것을 상대방도 알고 있다고 가정하고, 화자가 말하는 내용이 맞는 정보임을 확인하는 표현이다. 의문형으로만 쓰인다. -지요를 짧게 줄여 -죠라고도 한다.

> A: 한글은 세종대왕이 **만들었지요?**
> B: 네, 맞아요.
>
> 졸업식은 다음 주 **토요일이지요?**
> 한국은 여름에 비가 많이 **오지요?**
> 마이클 씨는 미국 **사람이죠?**
> 주말에 등산 **갈 거죠?**

2 형태

① 현재: -지요

받침 X	가다	가+지요	가지요
받침 ○	먹다	먹+지요	먹지요

■ 형용사, 동사 어간의 마지막 음절에 받침이 있고 없고에 관계없이 어간+지요가 된다.

② 과거: -았/었지요

ㅏ, ㅗ	가다	가+았지요	갔지요
ㅏ, ㅗ가 아닌 경우	먹다	먹+었지요	먹었지요

■ 어간의 마지막 음절에 ㅏ, ㅗ가 있으면 어간+았지요가 되고, ㅏ, ㅗ 이외의 모음이 있으면 어간+었지요가 된다. 하다로 끝나는 경우는 했지요가 된다.

③ 미래: -(으)ㄹ 거지요

받침 X	가다	가+ㄹ 거지요	갈 거지요
받침 ○	먹다	먹+을 거지요	먹을 거지요
ㄷ불규칙	듣다	들+을 거지요	들을 거지요
ㄹ탈락	살다	살+거지요	살 거지요

■ 어간의 마지막 음절에 받침이 없을 때는 어간+ㄹ 거지요가 되고, 받침이 있으면 어간+을 거지요가 된다.

1. A: 왕명 씨는 작년에 한국에 ______왔지요______?
　　　　　　　　　　　　　　　　(왔다)

　 B: 네, 작년 8월에 한국에 왔어요.

2. A: 기말시험이 ____________________________?
　　　　　　　　　　　　　(며칠)

　 B: 10월 12일이에요.

3. A: 우리 어제 점심에 뭘 ____________________________?
　　　　　　　　　　　　　　　　(먹었다)

　 B: 어제 점심에 우리 비빔밥 먹었잖아요.

4. A: 우리 토요일에 몇 시에 ____________________________?
　　　　　　　　　　　　　　　　(만나기로 하다)

　 B: 학교 앞에서 2시에 만나기로 했어요.

연습 2 '-지요'를 사용해서 다음 대화를 완성하십시오.

1.

A: 마이클 씨는 미국 사람이지요?
B: 네, 미국 사람이에요.

2.

A: ____?
B: 네, 요즘 날씨가 추워요.

3.

A: ____?
B: 네, 눈이 정말 많이 왔어요.

92 항상, 자주, 가끔

① 의미

항상, 자주, 가끔, 거의, 전혀는 빈도를 나타내는 부사들이다. 항상, 자주, 가끔, 거의 −지 않다, 전혀 −지 않다의 순으로 빈도가 높음을 나타낸다. 항상은 언제나와, 가끔은 종종, 어쩌다 한 번과 같은 표현이다.

항상 〉　　　자주　　〉　　가끔　　〉　　거의 −지 않다　　〉　　전혀 −지 않다

저는 토요일에는 **항상** 술을 마십니다.
저는 **자주** 술을 마십니다. 일주일에 두세 번 술을 마십니다.
저는 **가끔** 술을 마십니다. 한 달에 한 번 정도 회식에서 술을 마십니다.
저는 술을 **거의 마시지 않습니다.** 일 년에 한두 번 정도 술을 마십니다.
저는 술을 안 좋아합니다. 그래서 술을 **전혀** 마시지 않습니다.

주의하세요!

- 거의/전혀 + 긍정적인 표현 (×)
- 거의/전혀 + 부정적인 표현 (○)

저는 도서관에 거의 가요. (×)	저는 도서관에 거의 안 가요. (○)
저는 운동을 전혀 해요. (×)	저는 운동을 전혀 안 해요. (○)

‘거의’와 ‘전혀’는 부정적인 표현하고만 함께 쓰일 수 있으며, 긍정적인 표현과는 함께 쓸 수 없습니다.

1. A: 유코 씨는 취미가 수영하기지요? 얼마나 자주 수영하세요?

   B: 전에는 일주일에 세 번은 수영장에 갔어요. 그런데 요즘은 바빠서 (항상, 자주, 거의, 전혀)

   못 가요. 이번 달에는 두 번밖에 못 갔어요.

2. A: 얼마나 자주 부모님께 이메일을 쓰세요?

   B: 전화는 매일 하지만, 이메일은 (항상, 자주, 가끔, 거의, 전혀) 써요.

   한 달에 한두 번 정도 쓰는 것 같아요.

3. A: 민호 씨 고향은 대구지요? 대구에 자주 가요?

   B: 아니요, 1년에 한 번 정도 내려가요. 바빠서 (항상, 자주, 가끔, 거의, 전혀) 못 가요.

4. A: 얼마나 자주 외식해요?

   B: 전 보통 집에서 요리해서 먹지만 (항상, 자주, 가끔, 거의, 전혀) 외식도 해요.

5. A: 외출했다가 돌아오면 (항상, 자주, 가끔, 거의, 전혀) 손을 씻어야 합니다.

   B: 네, 그렇게 하겠습니다.

6. A: 피곤해 보여요.

   B: 어제 옆집이 너무 시끄러워서 (항상, 자주, 가끔, 거의, 전혀) 못 잤어요. 두 시간쯤 잔 것 같아요.

7. A: 고기 좋아하세요?

   B: 아니요, 저는 채식주의자예요. 고기는 (항상, 자주, 가끔, 거의, 전혀) 먹지 않습니다.

8. A: 영화 보는 것 좋아해요?

   B: 네, 영화를 좋아해서 (항상, 자주, 가끔, 거의, 전혀) 영화를 봐요. 일주일에 한 번은 영화관에 가요.

93 ㄷ불규칙

① 규칙

어간이 ㄷ으로 끝나는 동사는 아/어나 으로 시작하는 문법 형태(어미)를 만나면 ㄷ이 ㄹ로 바뀐다.

ㄷ + 아/어 → ㄹ + 아/어
ㄷ + 으 → ㄹ + 으

ㄷ불규칙 + -아/어요				ㄷ불규칙 + -(으)니까			
듣다	듣 + 어요	들 + 어요	들어요	듣다	듣 + 으니까	들 + 으니까	들으니까
묻다	묻 + 어요	물 + 어요	물어요	묻다	묻 + 으니까	물 + 으니까	물으니까
걷다	걷 + 어요	걸 + 어요	걸어요	걷다	걷 + 으니까	걸 + 으니까	걸으니까

저는 팝송을 자주 **들어요**.
아침마다 집에서 학교까지 **걸어요**.

② 주의

닫다, 받다, 믿다는 불규칙이 아니다.

닫다, 받다, 믿다 + -아/어요			닫다, 받다, 믿다 + -(으)니까		
닫다	닫 + 아요	닫아요	닫다	닫 + 으니까	닫으니까
받다	받 + 아요	받아요	받다	받 + 으니까	받으니까
믿다	믿 + 어요	믿어요	믿다	믿 + 으니까	믿으니까

연습 1 다음 표를 완성하십시오.

기본형	-(스)ㅂ니다	-아/어요	-(으)니까	-(으)세요
걷다	걷습니다			
듣다		들어요		
묻다(to ask)			물으니까	
닫다				닫으세요
받다			받으니까	

연습 2 다음 문장을 완성하십시오.

1. 저는 모르는 것이 있을 때는 보통 마이클 씨에게 ___물어 봐요___. (묻다)

-아/어 봐요

2. 저녁식사 후에 1시간 동안 공원을 _______________________. (걷다)

-았/었습니다

3. 저는 운전할 때 보통 라디오를 _______________________. (듣다)

-습니다

4. 은행은 7시에 문을 _______________________. (닫다)

-아/어요

5. 저는 클래식 음악을 _______________________ 잠이 와요. (듣다)

-(으)면

6. 설날에 할머니께 세뱃돈을 _______________________. (받다)

-았/었어요

① 규칙

ㄹ로 끝나는 동사와 형용사 어간은 ㄴ, ㅂ, ㅅ로 시작하는 문법 형태(어미)를 만나면 ㄹ이 없어진다.

ㄹ + ㄴ, ㅂ, ㅅ   →   ㄹ + ㄴ, ㅂ, ㅅ   ⇒   ㄴ, ㅂ, ㅅ

ㄹ탈락 + -(스)ㅂ니다			ㄹ탈락 + -(으)세요			ㄹ탈락 + -(으)ㄴ		
살다	살+ㅂ니다	삽니다	살다	살+세요	사세요	살다	살+ㄴ	산
알다	알+ㅂ니다	압니다	알다	알+세요	아세요	알다	알+ㄴ	안
만들다	만들+ㅂ니다	만듭니다	만들다	만들+세요	만드세요	만들다	만들+ㄴ	만든
길다	길+ㅂ니다	깁니다	길다	길+세요	기세요	길다	길+ㄴ	긴

어디에 **사세요?**
저는 **긴** 머리가 잘 안 어울려요.
우리 사장님은 요즘 노래를 많이 **아십니다**.
이번 주말에 집에서 케이크를 **만들 거예요.**

 다음 표를 완성하십시오.

기본형		-(스)ㅂ니다	-아/어요	-(으)니까	-(으)면
형용사	길다	깁니다			
	멀다			머니까	
동사	만들다		만들어요		
	불다				불면
	살다			사니까	
	알다		알아요		
	울다	웁니다			
	들다				

연습 2 다음 문장을 완성하십시오.

1. 우리 집은 학교에서 _____멉니다_____. (멀다)
   -(스)ㅂ니다

2. 이건 어제 _________________ 빵이에요. (만들다)
   -(으)ㄴ

3. 우리 할머니는 미국 LA에 _________________. (살다)
   -(으)세요

4. 제 동생은 머리가 아주 _________________. (길다)
   -(스)ㅂ니다

5. 오늘은 바람이 많이 _________________ 테니스는 다음에 칩시다. (불다)
   -(으)니까

6. 마이클 씨하고는 _________________ 2년 됐습니다. (알다)
   -(으)ㄴ 지

르불규칙

① 규칙

르로 끝나는 형용사와 동사의 어간이 아/어로 시작하는 문법 형태(어미)를 만나면, 르의 ㅡ가 없어지고 어간의 첫음절에 받침 ㄹ가 생긴다.

르 + 아/어　→　르ㄹ + 아/어　⇒　ㄹ + ㄹ + 아/어

르불규칙 + -아/어요			
모르다	모르 + 어요	몰르 + 아요	몰라요
빠르다	빠르 + 어요	빨르 + 아요	빨라요
다르다	다르 + 어요	달르 + 아요	달라요

저는 노래방에 가면 한국 노래를 많이 **불러요**.
저는 아직 한국의 문화에 대해서 잘 **몰라요**.
출퇴근 시간에는 택시보다 지하철이 더 **빨라요**.

연습 1 다음 표를 완성하십시오.

기본형	-(스)ㅂ니다	-아/어요	-(으)니까	-아/어서
모르다	모릅니다			
자르다			자르니까	
부르다		불러요		
고르다				
다르다				달라서
빠르다				

연습 2 다음 문장을 완성하십시오.

1. KTX가 버스보다 훨씬 더 ____빨라요____. (빠르다)
                             -아/어요

2. 저와 동생은 얼굴은 닮았지만 성격은 많이 __________________. (다르다)
                             -아/어요

3. 저는 한 달에 한 번 머리를 __________________. (자르다)
                             -(스)ㅂ니다

4. 노래를 너무 많이 __________________ 목이 아파요. (부르다)
                       -아/어서

ㅂ불규칙

① 규칙

어간이 ㅂ로 끝나는 동사는 아/어로 시작하는 문법 형태(어미)를 만나면 ㅂ이 우로 바뀐다. 으로 시작하는 문법 형태를 만나면 ㅂ는 우로 바뀌고 으는 없어진다.

ㅂ + 아/어 → ㅜ + 아/어 ⇒ 워/와
ㅂ + 으 → ㅜ + 으 ⇒ 우

ㅂ불규칙 + -아/어요			ㅂ불규칙 + -(으)니까		
덥다	덥+어요	더우+어요 더워요	덥다	덥+으니까	더우+니까 더우니까
춥다	춥+어요	추우+어요 추워요	춥다	춥+으니까	추우+니까 추우니까
쉽다	쉽+어요	쉬우+어요 쉬워요	쉽다	쉽+으니까	쉬우+니까 쉬우니까
어렵다	어렵+어요	어려우+어요 어려워요	어렵다	어렵+으니까	어려우+니까 어려우니까

한국은 8월에 아주 **더워요**.

한국어는 재미있지만 **어려워요**.

날씨가 **추우니까** 코트 입고 가세요.

② 주의

① 돕다와 곱다는 예외적으로 아/어로 시작하는 문법형을 만나면 ㅂ이 오로 바뀐다.

돕다   돕 + 아요   도오 + 아요   도와요
곱다   곱 + 아요   고오 + 아요   고와요

한국어 공부 좀 <u>도와 주세요</u>.
언니가 입은 한복의 색이 참 <u>고와요</u>.

② 입다, 좁다처럼 어간이 ㅂ으로 끝나도 불규칙이 아닌 단어들도 있다.

입다, 좁다 + -아/어요		입다, 좁다 + -(으)니까	
입다 입 + 어요	입어요	입다 입 + 으니까	입으니까
좁다 좁 + 아요	좁아요	좁다 좁 + 으니까	좁으니까

저는 이 옷을 자주 **입어요**.
이 길이 **좁으니까** 운전하기가 힘들어요.

기본형	-(스)ㅂ니다	-아/어요	-(으)니까	-았/었어요
춥다	춥습니다			
맵다		매워요		
덥다				
줍다				
가깝다			가까우니까	
반갑다				반가웠어요
돕다			도우니까	
입다		입어요		
좁다	좁습니다			

연습 2 다음 문장을 완성하십시오.

1. 만나서 ______반가워요______. (반갑다)
　　　　　　-아/어요

2. 날씨가 ___________________ 점심에 냉면 먹을까요? (덥다)
　　　　　　-(으)니까

3. 김치찌개가 비빔밥보다 더 ___________________. (맵다)
　　　　　　　　　　　-(스)ㅂ니다

4. 저는 고등학교 때 영어보다 수학이 ___________________. (쉽다)
　　　　　　　　　　　　　　-았/었어요

5. 제인 씨는 치마를 자주 ___________________. (입다)
　　　　　　　　　　-아/어요

6. 여기서 도서관까지 ___________________ 걸어서 갑시다. (가깝다)
　　　　　　　　　　-(으)니까

97 ㅅ불규칙

① 규칙

ㅅ으로 끝나는 동사의 어간이 아/어나 으로 시작하는 문법 형태(어미)를 만나면 ㅅ이 없어진다.

ㅅ + 아/어 → ㅅ + 아/어 ⇒ 아/어
ㅅ + 으 → ㅅ + 으 ⇒ 으

ㅅ불규칙 + -아/어요			ㅅ불규칙 + -(으)ㄴ		
짓다	짓 + 어요	지어요	짓다	짓 + 은	지은
붓다	붓 + 어요	부어요	붓다	붓 + 은	부은
낫다	낫 + 아요	나아요	낫다	낫 + 은	나은

10년 전에 **지은** 집이지만 새집 같아요.
약을 먹으면 감기가 **나을 거예요.**
목이 많이 **부어서** 말을 할 수 없어요.

② 주의

씻다는 불규칙이 아니다.

씻다 + -아/어요	씻다 + -(으)ㄴ
씻 + 어요 씻어요	씻 + 은 씻은

기본형	-(스)ㅂ니다	-아/어요	-(으)ㄴ	-(으)니까
짓다		지어요		
붓다			부은	
낫다				나으니까
씻다				

연습 2 다음 문장을 완성하십시오.

1. 노래를 너무 많이 해서 목이 ______부었어요______. (붓다)
　　　　　　　　　　　　　　　　-았/었어요

2. 감기가 ____________________ 수영하러 갈까요? (낫다)
　　　　　　　　-(으)면

3. 몇 년 후에 바닷가에 예쁜 집을 ____________________. (짓다)
　　　　　　　　　　　　　　　　-고 싶다

98 으탈락

① 규칙

—로 끝나는 동사나 형용사의 어간이 아/어로 시작하는 문법 형태(어미)를 만나면 —가 없어진다.

— + 아/어   →   ⊖ + 아/어   ⇒   아/어

으탈락 + -아/어요			
바쁘다	바쁘 + 아요	바빠 + 아요	바빠요
예쁘다	예쁘 + 어요	예뻐 + 어요	예뻐요
쓰다	쓰 + 어요	써 + 어요	써요

요즘 회사 일이 많아서 너무 **바빠요**.

저는 수업시간에는 핸드폰을 **꺼요**.

저는 고등학교 때까지 매일 일기를 **썼어요**.

기본형	-(스)ㅂ니다	-아/어요	-(으)면
쓰다	씁니다		
끄다			
크다			크면
예쁘다		예뻐요	
바쁘다			

연습 2 다음 문장을 완성하십시오.

1. 왕명 씨는 요즘 좀 <u>바빠요</u>. (바쁘다)
   -아/어요

2. 이 모자는 저한테 너무 _______________. (크다)
   -(스)ㅂ니다

3. 어제는 일기를 안 _______________. (쓰다)
   -았/었습니다

4. 집에서 나오기 전에 컴퓨터를 _______________. (꺼요)
   -았/었어요

99 ㅎ불규칙

① 규칙

ㅎ으로 끝나는 어간이 으로 시작하는 문법 형태(어미)를 만나면 ㅎ이 없어진다. 또 아/어와 결합하면
ㅎ이 없어지고 애가 된다.

$$ㅎ + 으 \quad → \quad ㅎ + 으 \quad ⇒ \quad 으$$
$$ㅎ + 아/어 \quad → \quad ㅎ + 아/어 \quad ⇒ \quad 애$$

ㅎ불규칙 + -아/어요	ㅎ불규칙 + -(으)니까	ㅎ불규칙 + -(으)ㄴ
까맣다　까맣 + 아요　까매요	까맣다　까맣 + 니까　까마니까	까맣다　까맣 + ㄴ　까만
하얗다　하얗 + 아요　하얘요	하얗다　하얗 + 니까　하야니까	하얗다　하얗 + ㄴ　하얀
빨갛다　빨갛 + 아요　빨개요	빨갛다　빨갛 + 니까　빨가니까	빨갛다　빨갛 + ㄴ　빨간

우리 언니는 피부가 정말 **하얘요.**

사과가 잘 익어서 **빨개요.**

  다음 표를 완성하십시오.

기본형	-(스)ㅂ니다	-아/어요	-(으)니까	-(으)ㄴ
하얗다			하야니까	
까맣다		까매요		
빨갛다				빨간
노랗다	노랗습니다			
파랗다				

연습 2 다음 문장을 완성하십시오.

1. 저는 _____빨간_____ 장미를 좋아합니다. (빨갛다)
  　　　　-(으)ㄴ

2. __________________ 옷은 매일 세탁해야 돼요. (하얗다)
  　　　　-(으)ㄴ

3. 고춧가루를 많이 넣어서 김치가 __________________. (빨갛다)
  　　　　　　　　　　　　　　　　　-아/어요

4. 머리를 __________________ 색으로 염색하고 싶어요. (까맣다)
  　　　　　　　　-(으)ㄴ

5. 이를 매일 닦아서 이가 __________________. (하얗다)
  　　　　　　　　　　　　　-아/어요

1. 오늘은 날씨가 <u>추워서</u> 따뜻한 옷을 입었어요. (춥다)
                      -아/어서

2. 버스보다 지하철이 더 ________________. (빠르다)
                    -아/어요

3. 제 동생은 저보다 키가 ________________. (크다)
                    -아/어요

4. 김 과장님은 오늘 ________________ 셔츠를 입었어요. (파랗다)
                    -(으)ㄴ

5. 학교가 집에서 ________________? (멀다)
                    -(스)ㅂ니까

6. 저는 보통 음악을 ________________ 숙제를 해요. (듣다)
                    -(으)면서

7. 저는 노래를 잘 못 ________________. (부르다)
                    -아/어요

8. 어제 밤에 부모님께 편지를 ________________. (쓰다)
                    -았/었어요

9. 마이클 씨는 김치찌개를 ________________. (만들다)
                    -(으)ㄹ 줄 알아요

10. 청소 좀 ________________. (돕다)
                    -아/어 주세요

11. 모르는 것이 있으면 저에게 ________________. (묻다)
                    -아/어 보세요

12. ________________ 음악을 듣고 싶어요. (빠르다)
                    -(으)ㄴ

13. 잠을 잘 못 자서 머리가 ________________. (아프다)
                    -아/어요

14. 이 바지는 너무 ________________ 짧은 바지로 주세요. (길다)
                    -(으)니까

15. 저는 _____________________ 음식을 잘 못 먹어요. (맵다)
        -(으)ㄴ

16. 추운데 창문을 좀 _____________________________. (닫다)
                        -아/어 주세요

17. 머리를 3cm만 _____________________________. (자르다)
                    -아/어 주세요

18. 배가 너무 _____________________ 밥을 두 그릇 먹었어요. (고프다)
                    -아/어서

19. 우리 할머니는 부산에서 _____________________. (살다)
                            -(으)세요

20. 오늘은 춥고 바람이 많이 _________________. (불다)
                        -(스)ㅂ니다

21. 길이 너무 _____________________________. (좁다)
                    -아/어요

22. 수미 씨는 _____________________ 인기가 많아요. (예쁘다)
                    -아/어서

23. 아기가 _____________________ 우유를 주세요. (울다)
            -(으)면

24. 어제 고향 친구에게서 이메일을 _____________________. (받다)
                                -았/었어요

25. 만나서 정말 _____________________. (반갑다)
                    -았/었어요

26. 저는 학교에 _____________________ 가요. (걷다)
                    -아/어서

27. 회사가 집에서 아주 _____________________. (가깝다)
                        -아/어요

28. 저는 한자를 잘 _____________________. (모르다)
                        -아/어요

29. 어디에서 누구와 함께 _____________________? (살다)
                            -(으)세요

30. 아기가 배가 고파서 _____________________. (울다)
                        -(스)ㅂ니다

정 답

문법 용어와 친해지기

Q1 연습 1 (p.13)
2. 4
3. 3
4. 9
5. 11

연습 2 (p.13)
2. 책가방
3. 책
4. 학교
5. 한국 사람
6. 쌀

Q2 연습 1 (p.14)
받침이 있는 것: 강, 뱀, 종, 책, 빵, 옷, 돈, 밥, 국, 활
받침이 없는 것: 무, 웨, 과, 귀

연습 2 (p.14)
한국, 책상, 교실

Q3 연습 1 (p.15)
2. 마이클 씨는 한국어를 공부했습니다.
　　주어　　　목적어　　　서술어
3. 교실이 깨끗합니다.
　　주어　　　서술어
4. 민호가 빵을 먹습니다.
　　주어　목적어　서술어
5. 유코 씨가 잡니다.
　　주어　　　서술어
6. 선생님께서 신문을 읽으셨습니다.
　　주어　　　목적어　　　서술어

Q4 연습 1 (p.16)
2. 민호, 빵
3. 책
4. 학교

연습 2 (p.16)
동사: 말하다, 만들다, 살다, 마시다, 숙제하다, 보다, 사랑하다, 공부하다, 자다
형용사: 피곤하다, 바쁘다, 조용하다, 재미있다, 좋다, 맛있다, 깨끗하다

Q5 연습 1 (p.18)
2. 듣다
3. 공부하다
4. 예쁘다
5. 좋다
6. 운동하다
7. 만들다
8. 살다
9. 춥다
10. 덥다

Q6 연습 1 (p.19)
2. 보
3. 살
4. 좋
5. 만들
6. 좋아하
7. 배우

연습 2 (p.19)
좋다, 살다, 만들다, 듣다, 읽다, 맛있다, 높다, 재미없다, 춥다

01 개, 명, 장, 병, 잔, 권, 마리 (단위 명사1) (p.23)

연습 1
2. 네
3. 스무
4. 한
5. 열한
6. 스물두

연습 2
2. 장
3. 권
4. 마리, 마리
5. 병
6. 개

02 **-거든요** (p.25)

연습 1
2. 있거든요↘
3. 출근해야 하거든요↘
4. 복잡하거든요↘
5. 멀거든요↘
6. 안 가져왔거든요↘
7. 나오거든요↗
8. 잊어버리거든요↘
9. 잘 못하거든요↘

03 **-게** (p.23)

연습 1
2. 예쁘게
3. 크게
4. 싸게
5. 두껍게
6. 정확하게
7. 쉽게

연습 2
2. 얇게 썰어 주세요
3. 짧게 잘라 주세요
4. 재미있게 봤어요

04 **-겠-** (p.29)

연습 1
2. 맛있겠어요
3. 고프겠어요
4. 힘들겠어요

연습 2
1. 맑겠습니다
2. 비가 오겠습니다

3. 불겠습니다
4. 눈이 오겠습니다

05 **-고 (나열)** (p.31)

연습 1
2. 하고
3. 크고
4. 아프고
5. 넓고

연습 2
2. 우리 학교 식당은 깨끗하고 음식도 맛있어요
3. 수진 씨는 노래를 잘 부르고 마이클 씨는 춤을
   잘 춥니다
4. 토요일에 저는 공원에서 운동을 하고 동생은
   집에 있었습니다

06 **-고 (선후 관계)** (p.33)

연습 1
2. 보고
3. 마시고
4. 넣고

연습 2
2. 국을 먹고 밥을 먹습니다
3. 바지를 입고 티셔츠를 입습니다
4. 숙제를 하고 놉니다

연습 3
1. 먹고
2. 마시고
3. 읽었고, 읽고
4. 하고

07 **-고 싶다** (p.35)

연습 1
2. 취직하고 싶어요
3. 살고 싶어요
4. 먹고 싶어요
5. 가고 싶어요
6. 결혼하고 싶어요

7. 배우고 싶어요
8. 마시고 싶어요

연습 2
2. ○
3. ×
4. ○
5. ○
6. ×
7. ○

08 -고 있다 (p.37)

연습 1
1. 먹고 있어요
2. 청소하고 있어요
3. 준비하고 있어요
4. 다니고 있어요
5. 배우고 있어요

연습 2
2. 쓰고 있습니다, 들고 있습니다
3. 매고 있습니다, 메고 있습니다
4. 매고 있습니다(하고 있습니다), 끼고 있습니다
5. 입고 있습니다, 쓰고 있습니다

09 -군요/-는군요 (p.39)

연습 1
가는군요, 먹는군요, 크군요, 만드는군요,
작군요, 예쁘군요, 걷는군요, 길군요

연습 2
2. 경치가 좋군
3. 눈이 많이 오는군요
4. 방이 깨끗하군
5. 눈이 많이 왔군요
6. 시험을 잘 봤구나

10 그래서, 그러니까, 그리고, 그렇지만, 그러면, 그런데 (p.42)

연습 1
2. 그리고

3. 그렇지만
4. 그래서
5. 그러면
6. 그래서
7. 그러면
8. 그래서
9. 그리고
10. 그런데, 그래서

11 -기 (p.46)

연습 1
1. 오늘 할 일
2) 은행에서 돈 찾기
3) 학교에 등록금 내기
4) 세탁소에서 옷 찾기
5) 저녁에 마이클 씨에게 전화하기

2. 새해 결심
2) 담배 끊기
3) 외국어 배우기

3. 규칙·약속
2) 집에 너무 늦게 들어오지 않기
3) 친구 안 데려오기
4) 식사하자마자 설거지 하기
5) 외출할 때 꼭 문 잠그기

연습 2
2. 이번 과제물은 다음 주 월요일까지 제출할 것
3. 오늘 회식이 취소되었음, 다음 주 수요일 저녁
7시로 연기됐음
4. 교수님께 이메일 보내기, 프린터 고치기
5. 지금 외출 중임, 한 시간 후에 돌아올 것임

12 -기 때문에, 때문에 (p.50)

연습 1
2. 태풍 때문에
3. 눈 때문에
4. 시험 때문에
5. 공사 때문에

연습 2
2. 싸기 때문이에요 (싸기 때문에 동대문시장

에서 쇼핑을 해요)
  3. 스트레스가 풀리기 때문이에요 (스트레스가
     풀리기 때문에 노래방에 자주 가요)
  4. 살 수 없기 때문이에요
  5. 경기가 좋지 않기 때문에

⑬ -기(가) 쉽다/어렵다/편하다/불편하다 (p.53)

연습 1
  2. 살기
  3. 산책하기
  4. 배우기
  5. 먹기

연습 2
  2. 서울에서 지하철을 타기가 불편하지요,
     별로 불편하지 않아요
  3. 김치를 담그기가 쉽지요, 쉬워요

⑭ -기 전에, 전에 (p.55)

연습 1
  2. 한 시간 전
  3. 세수하기 전
  4. 끓기 전
  5. 귀국하기 전
  6. 떠나기 전

연습 2
  2. 잡채를 만들기 전에 (케이크를) 만들었어요
  3. 한국에 오기 전에 (중국어를) 배웠어요
  4. 회사에 취직하기 전에 (배낭여행을) 갔어요
  5. 영화를 보기 전에 저녁을 먹읍시다.

⑮ -기로 하다 (p.57)

연습 1
  2. 부모님 일을 돕기로 했어요
  3. 영화를 보기로 했어요
  4. 가져가기로 했어요
  5. 축가를 부르기로 했어요, 사회를 보기로
     했어요

연습 2
  2. 내일 가기로 해요

  3. 액션 영화를 보기로 해요
  4. 경주에 가기로 해요

⑯ 나, 너, 우리 (인칭 대명사) (p.61)

연습 1
  2. 우리
  3. 제
  4. 너
  5. 마이클 씨
  6. 그 사람들
  7. 선생님

⑰ 나이 (p.65)

연습 1
  2. 스물한
  3. 쉰셋
  4. 서른두
  5. 네
  6. 일흔둘
  7. 열아홉
  8. 이십
  9. 육십오

⑱ 날짜 (p.67)

연습 1
  2. 이월 이십칠일
  3. 시월 삼일
  4. 십이월 칠일
  5. 유월 이십일일
  6. 팔월 십오일

⑲ 낮춤말 (해라체) (p.70)

연습 1
  2. 주말에 영화 보러 가자
  3. 보통 몇 시에 일어나니
  4. 3페이지를 읽어라
  5. 저 사람은 누구니
  6. 이 음악 좀 들어 봐라
  7. 많이 먹어라
  8. 도서관에 몇 시에 갈 거니
  9. 오늘은 비가 오니까 테니스는 다음에 칠까

연습 2
1. 나도 같이 가자
2. 지금 뭐 하니, 텔레비전 보고 나서 방 청소
   좀 해라

⑳ -는 동안, 동안 (p.73)

연습 1
2. 친구를 기다리는 동안
3. 한국에서 사는 동안
4. 쉬는 동안
5. 지하철을 타고 가는

㉑ -다, -ㄴ/는다 (p.76)

연습 1
2. 우리 동네는 아주 조용하다
3. 휴가에 바다에 가고 싶다
4. 마이클은 쿠키를 잘 만든다
5. 지난주에는 눈이 안 왔다
6. 한국은 4월에 따뜻하다
7. 나는 주말마다 청소한다
8. 왕명 씨는 신문을 읽지 않는다
9. 유코 씨는 키가 크지 않다
10. 오늘은 토요일이다
11. 한국과 일본은 문화가 다르다
12. 한국은 겨울에 바람이 많이 분다
13. 저녁 식사 후에는 집 근처 공원을 걷는다
14. 주말에 한국 영화를 봤다
15. 일요일에는 교회에 갈 것이다

연습 2
1. 깨끗하다, 간다, 본다, 마신다, 한다
2. 모른다, 배웠다, 안 된다, 시작한다, 안 된다,
   마셔야 한다
3. 나, 가 볼 것이다, 이다, 걸린다, 수도였다,
   많다, 유명하다, 아름답다, 있다, 좋겠다

㉒ 대, 켤레, 채, 송이, 다발 (단위 명사2) (p.79)

연습 1
2. 켤레
3. 송이
4. 채

5. 켤레
6. 대
7. 벌
8. 대
9. 자루
10. 채

㉓ -던 (p.83)

연습 1
2. 듣던
3. 다니던
4. 먹던
5. 쓰던
6. 입던
7. 묵었던
8. 싫어하던

연습 2
1. 샀던
2. 보던
3. 먹었던
4. 읽었던
5. 먹었던
6. 했던

㉔ 무슨, 어떤, 어느 (p.85)

연습 1
1. 어떤
2. 어떤
3. 어느
4. 어느
5. 어떤
6. 무슨/어떤

㉕ 무엇, 누구, 언제, 어디 (p.87)

연습 1
1. 내일 갑니다.
2. 학생입니다.
3. 동생이 갑니다.
4. 도서관에 갑니다.
5. 언니와 같이 갑니다.

6. 학교에서 공부합니다.

연습 2
1. 언제
2. 누구
3. 어디
4. 무엇
5. 무엇

26 못, -지 못하다 (p.90)

연습 1
2. 보지 못했어요
3. 듣지 못했어요
4. 오지 못했어요
5. 가지 못해요

연습 2
1. 하지 못했습니다
2. 못 합니다
3. 못 샀어요
4. 못 했어요
5. 안 먹었어요
6. 가지 않았어요

27 반말 (해체) (p.95)

연습 1
2. 주말에 영화 보러 가
3. 보통 몇 시에 일어나
4. 3페이지를 읽어
5. 저 사람은 누구야
6. 이 음악 좀 들어 봐
7. 너무 많이 먹지 마
8. 시간이 있으면 내 숙제 좀 도와줘
9. 도서관에 몇 시에 갈 거야
10. 오늘은 비가 오니까 테니스는 다음에 칠까

연습 2
- 어디가 어떻게 아파
- 기침은 언제부터 했어
- 어젯밤부터
- 처방전을 줄 테니, 약국에 가서 약을 받아서
  먹어

- 그리고 뜨거운 물을 자주 마시고, 차가운 음
  식을 피하도록 해
- 술담배는 하면 안 되고

28 보다 (p.97)

연습 1
2. 보다, 더
3. 보다, 덜
4. 보다, 더

연습 2
2. 떡볶이가 비빔밥보다 더 맵습니다
3. 사전이 한국어 책보다 더 두껍습니다
4. 대구가 서울보다 더 덥습니다

29 부터 까지, 에서 까지 (p.99)

연습 1
2. 부터/에서, 까지
3. 부터, 까지
4. 에서, 까지
5. 부터, 부터
6. 부터
7. 부터, 부터

30 시간 (p.101)

연습 1
2. 네 시 이십칠 분
3. 열두 시 오십 분
4. 여섯 시 사십일 분
5. 열한 시 칠 분
6. 일곱 시 오십오 분
7. 두 시 십칠 분
8. 세 시 삼십육 분
9. 열시 사십이 분

연습 2
2. 일곱 시 반 (삼십 분)
3. 아홉 시
4. 다섯 시
5. 여섯 시
6. 열두 시

31 -(스)ㅂ니다 (p.103)

연습 1

공부합니다, 공부합니까, 작습니까, 입습니다, 덥습니다, 걷습니다, 걷습니까, 깁니다, 깁니까, 듣습니다, 많습니다, 만듭니다, 어렵습니까, 압니다, 압니까, 쉽습니까, 쉽니다, 재미있습니다, 재미있습니까, 읽습니까, 재미없습니다

연습 2

2. 공부합니다
3. 압니다
4. 덥습니다
5. 듣습니다

연습 3

2. 옵니까, 옵니다
3. 바쁩니까, 바쁩니다
4. 삽니까, 삽니다

연습 4

2. 영화를 봅니다
3. 등산합니다
4. 친구를 만납니다
5. 음악을 듣습니다

32 -아/어 드릴까요 (p.107)

연습 1

2. 설거지해 드릴까요
3. 치워 드릴까요
4. 에어컨을 꺼 드릴까요
5. 읽어 드릴까요
6. 옮겨 드릴까요

연습 2

2. 도와줄까
3. 가르쳐 줄까

33 -아/어 보다 (p.109)

연습 1

2. 운동해 보세요
3. 발라 보세요

4. 해도 돼요

연습 2

2. 김치 만드는 법을 배워 보고 싶어요
3. 유명한 연예인을 만나 보고 싶어요
4. 막걸리를 마셔 보고 싶어요
5. 말하기 대회에 나가 보고 싶어요
6. 스키를 타 보고 싶어요

34 -아/어 주다 (p.111)

연습 1

1. 만들어 줬습니다, 불러 줬습니다, 가 줬습니다
2. 읽어 드렸습니다, 가르쳐 드렸습니다, 사 드렸습니다

연습 2

2. 윌슨 씨가 편지를 써 줬어요
3. 언니가 숙제를 도와줬어요
4. 유코 씨가 머리를 잘라 줬어요

35 -아/어 주세요 (p.114)

연습 1

2. 에어컨 좀 켜 주세요
3. 천천히 좀 가 주세요
4. 고기 좀 잘라 주세요
5. 테니스 좀 가르쳐 주세요
6. 프린터 좀 고쳐 주세요
7. 케이크 좀 만들어 주세요
8. 액자 좀 걸어 주세요

연습 2

1. 닫아 주세요
2. 가세요
3. 가져가세요
4. 가르쳐 주세요
5. 빌려 주세요

36 -아/어도 되다 (p.117)

연습 1

2. 마셔도 됩니다
3. 건너도 됩니다
4. 놀러 가도 됩니다

  5. 손세탁해도 됩니다
  6. 키워도 됩니다

연습 2
  2. 가도 돼요
  3. 찍어도 돼요
  4. 피워도 돼요
  5. 앉아도 돼요

37 -아/어서 (계기) (p.120)

연습 1
  2. 만나서
  3. 요리해서
  4. 사서
  5. 앉아서

연습 2
  1. 만나서
  2. 만들어서
  3. 반납하고
  4. 앉아서
  5. 사서
  6. 마시고

38 -아/어서 (이유) (p.124)

연습 1
  쉬어서, 공부해서, 만나서, 봐서, 읽어서,
  살아서, 들어서, 더워서

연습 2
  1. 어려서
  2. 피곤해서
  3. 먹어서
  4. 돈이 없어서
  5. 늦게 자서

연습 3
  2. 오늘 아침에 바빠서 아침을 굶었습니다
  3. 유미는 머리가 좋아서 단어를 잘 외웁니다
  4. 민호는 얼굴이 잘 생겨서 여자들에게 인기가
     좋습니다
  5. 한국 음식이 입에 안 맞아서 고생을 했습니다

연습 4
  1. 많아서
  2. 걸려서
  3. 있어서

39 -아/어야 하다 (p.127)

연습 1
  가야 하다, 쉬어야 하다, 공부해야 하다, 먹어야
  하다, 앉아야 하다, 만들어야 하다, 걸어야 하다,
  도와야 하다

연습 2
  2. 수영 모자를 써야 합니다
  3. 여권이 있어야 합니다
  4. 예습과 복습을 해야 합니다
  5. 안전벨트를 매야 합니다
  6. 규칙적으로 운동해야 합니다
  7. 한국어능력시험을 봐야 합니다
  8. 키가 커야 합니다

40 -아/어요 (p.130)

연습 1
  먹어요, 앉아요, 살아요, 쉬어요, 청소해요, 가요,
  전화해요, 와요, 입어요, 그려요, 써요, 팔아요, 예
  뻐요, 들어요, 추워요, 잘라요, 걸어요, 더워요

연습 2
  2. 공부해요
  3. 써요
  4. 더워요
  5. 잘라요
  6. 이에요

연습 3
  다녀요, 일어나요, 먹어요, 해요, 걸려요, 들어요,
  예요, 있어요, 마셔요, 돌아가요, 재미있어요

41 안, -지 않다 (p.134)

연습 1
  예쁘지 않다, 안 좋다, 좋지 않다, 안 덥다, 안 깨끗
  하다, 깨끗하지 않다, 안 오다, 오지 않다, 읽지

않다, 안 가르치다, 가르치지 않다, 운동 안 하다, 숙제하지 않다

연습 2
2. 맵지 않습니다
3. 불지 않습니다
4. 춥지 않습니다
5. 요리하지 않아요
6. 크지 않아요
7. 마시지 않아요

연습 3
2. 안 읽습니다
3. 요리 안 합니다
4. 숙제 안 합니다
5. 안 깨끗합니다
6. 출근 안 합니다
7. 외식 안 합니다
8. 운동 안 합니다

42 -았/었- (p.138)

연습 1
말했습니다, 예뻤습니다, 걸었습니다, 컸습니다, 썼습니다, 높았습니다, 살았습니다, 빨랐습니다, 다녔습니다, 추웠습니다, 쉬웠습니다, 주웠습니다, 입었습니다, 느렸습니다

연습 2
1. 쉬었어요
2. 바빴어요, 봤어요
3. 들었어요
4. 읽었어요, 읽었어요
5. 했어요, 봤어요
6. 왔어요, 왔어요

연습 3
화장실에 갔습니다. 그리고 30분 정도 자전거를 탔습니다. 조깅한 후에 샤워를 했습니다. 그리고 아침을 먹었습니다. 아침 식사 후에 옷을 갈아입었습니다. 9시부터 6시까지는 회사에서 일했습니다. 퇴근 후에는 친구들과 맥주를 마셨습니다.

43 -았었/었었- (p.142)

연습 1
1. 길었었어요
2. 살았었어요
3. 뚱뚱했었어요
4. 작았었어요
5. 만들었었어요
6. 운동했었는데

연습 2
1. 왔었어요
2. 피웠었어요(피웠어요)
3. 잘했어요(잘했었어요)
4. 왔어요
5. 통통했었어요(통통했어요)

44 -에(시간) (p.145)

연습 1
3. ×, 에
4. 에
5. 에
6. 에
7. ×
8. 에
9. ×
10. ×

연습 2
2. 수업이 9시에 시작합니다
3. 에릭 씨는 수업 후에 아르바이트를 합니다
4. 지난 주말에 어디에서 쇼핑했습니까?

45 -에(위치) (p.147)

연습 1
1. 에, 에
2. 에, 에
3. 에, 에
4. 에, 에
5. 에, 에
6. 에, 에

연습 2

2. 의자 뒤에 있어요
3. 학교에 가요
4. 편의점과 사진관 사이에 있어요

46 에게/한테, 에게(서)/한테(서) (p.150)

연습 1

2. 에
3. 에
4. 에게
5. 에게
6. 께
7. 에게
8. 께
9. 에게(서)
10. 에게

47 -에서 (p.153)

연습 1

1. 에
2. 에
3. 에
4. 에
5. 에서
6. 에
7. 에
8. 에서
9. 에서
10. 에서

연습 2

에/에서, 에, 에, 에, 에, 에, 에서

48 와/과, 하고, (이)랑 (p.155)

연습 1

1. 과
2. 과
3. 와
4. 와
5. 과
6. 이랑

7. 이랑
8. 랑
9. 랑
10. 랑

49 -(으)ㄴ (형용사 관형형) (p.157)

연습 1

2. 매운 음식
3. 재미있는 영화
4. 비싼 옷
5. 깨끗한 호텔
6. 높은 산
7. 무서운 영화
8. 추운, 더운
9. 시끄러운, 조용한

50 -(으)ㄴ, -는, -(으)ㄹ (동사 관형형) (p.159)

연습 1

2. 산 옷
3. 만든 빵
4. 들은 음악
5. 갈 사람
6. 사는 사람
7. 보낸
8. 구운
9. 만드는
10. 만든

연습 2

1. 재미있는
2. 잘하는
3. 본
4. 좋아하는
5. 짧은, 입은

51 -(으)ㄴ/-는 것 같다 (p.162)

연습 1

1. 추운 것 같아요
2. 많이 보는 것 같아요
3. 자는 것 같아요
4. 먹은 것 같아요

5. 행복할 것 같아요
6. 농구를 한 것 같아요

연습 2
1. (나)
2. (가)
3. (가)
4. (나)

52 -(으)ㄴ 적이 있다/없다 (p.165)

연습 1
2. 주운 적이 있어요, 큰돈을 주운 적이 없어요
3. 배운 적이 있어요, 배운 적이 없어요
4. 만난 적이 있어요, 만난 적이 없어요

연습 2
2. 소개팅을 한 적이 있습니다
3. 담배를 피운 적이 없습니다
4. 반에서 1등을 한 적이 없습니다

53 -(으)ㄴ 지 (이/가) 되다 (p.167)

연습 1
2. 결혼한 지
3. 먹은 지
4. 들은 지
5. 떠난 지 10분 됐어요
6. 만든 지 5년쯤 됐어요

연습 2
2. 화장실 청소한 지 얼마나 됐어요, 화장실 청소
   한 지 3일 됐어요
3. 마이클 씨를 안 지 얼마나 됐어요, 마이클 씨를
   안 지 2년 됐어요
4. 기숙사에 산 지 얼마나 됐어요, 기숙사에 산
   지 다섯 달 됐어요

54 -(으)ㄴ 후에, 후에 (p.169)

연습 1
2. 수업 후
3. 머리를 감은 후
4. 고기를 구운 후

5. 끝낸 후
6. 들은 후
7. 일주일 후
8. 만든 후
9. 마친 후

연습 2
1. 이를 닦습니다. 이를 닦은 후에 면도합니다. 면
   도한 후에 샤워합니다. 샤워한 후에 신문을 봅
   니다. 신문을 본 후에 아침을 먹습니다. 아침을
   먹은 후에 출근합니다.
2. 이메일을 확인합니다. 이메일을 확인한 후에
   텔레비전을 봅니다. 텔레비전을 본 후에 청소
   합니다. 청소한 후에 음악을 듣습니다. 음악을
   들은 후에 잡니다.

55 -(으)ㄴ데/-는데 (p.172)

연습 1
2. 어제 뮤지컬 '캐츠'를 봤는데, 아주 멋있었어요.
3. 지난주 토요일에 남자 친구하고 싸웠는데, 아
   직까지 전화가 없어요.
4. 오늘 점심에 비빔냉면을 처음 먹었는데, 생각
   보다 안 매웠어요.

연습 2
2. 날씨가 좋은데, 교외로 놀러 갈까요
3. 배가 고픈데, 떡볶이 먹으러 갈까요
4. 오늘은 좀 바쁜데, 다른 날 만날까요

연습 3
1. 갔는데
2. 했는데
3. 배웠는데
4. 인데
5. 했는데

연습 4
2. 수미 씨는 얼굴은 예쁜데, 성격이 안 좋아요
3. 저는 고등학교 때 영어를 잘했는데, 수학을 못
   했어요
4. 나는 한국 음식을 좋아하는데, 남편은 안 좋아
   해요

56 -(으)ㄴ지/-는지 알다/모르다 (p.175)

연습 1

2. 안 왔는지
3. 사는지
4. 끝나는지
5. 좋아하는지
6. 잘하는지

연습 2

1. 어디서 샀는지
2. 몇 시인지
3. 어떻게 만드는지
4. 얼마나 추운지
5. 얼마나 매운지

57 -(으)니까 (p.178)

연습 1

많으니까, 여니까, 들으니까, 걸으니까, 더우니까

연습 2

2. 갔으니까
3. 좋으니까
4. 아름다우니까
5. 드니까

연습 3

1. 머니까
2. 많으니까
3. 있으니까

연습 4

2. 내일 수업이 없으니까 같이 테니스 치러 갈까요
3. 방 안이 너무 더우니까 에어컨 좀 켜 주세요
4. 좀 피곤하니까 영화는 다음에 봅시다

58 -(으)ㄹ 것 (p.181)

연습 1

1. 기르지 말 것
2. 받지 말 것, 이야기하지 말 것, 가지고 들어가지 말 것
3. 쓸 것, 들어갈 것

4. 할 것, 하지 말 것

연습 2

씻을 것, 놀 것, 먹을 것, 들을 것, 운동할 것, 하지 말 것, 마시지 말 것, 부르지 말 것

59 -(으)ㄹ 것이다 (미래) (p.183)

연습 1

볼 겁니다/볼 거예요, 만들 겁니다/만들 거예요, 먹을 겁니다/먹을 거예요, 살 겁니다/살 거예요, 주울 겁니다/주울 거예요, 걸을 겁니다/걸을 거예요, 놀 겁니다/놀 거예요

연습 2

1. 영화를 볼 거예요
2. 할 거예요, 걸을 거예요
3. 도울 거예요
4. 만들 거예요, 구울 거예요

연습 3

여행할 겁니다, 탈 겁니다, 먹을 겁니다, 마실 겁니다, 들을 겁니다, 놀 겁니다

60 -(으)ㄹ 것이다 (추측·의지) (p.186)

연습 1

2. 받을 거예요
3. 매울 거예요
4. 재미있을 거예요
5. 집에 없을 거예요

연습 2

1. 맛있겠어요
2. 춥겠어요
3. 추울 거예요
4. 아프겠어요
5. 피곤하겠어요
6. 잘할 거예요

61 -(으)ㄹ 때, 때 (p.189)

연습 1

2. 졸업할 때

3. 노래 부를 때
4. 놀 때, 일할 때
5. 헤어질 때
6. 들을 때

연습 2

2. 컴퓨터가 고장났을 때는 어떻게 해요,
3. 목감기에 걸렸을 때는 어떻게 해요
4. 입맛이 없을 때는 어떻게 해요
5. 잠이 안 올 때는 어떻게 해요

62 -(으)ㄹ 수 있다/없다 (p.191)

연습 1

2. 산에 갈 수 없어요
3. 김치를 먹을 수 없어요
4. 걸을 수 없어요
5. 책을 읽을 수 없어요
6. 살 수 없어요
7. 축구를 할 수 없어요
8. 김치찌개를 만들 수 없어요

63 -(으)ㄹ 줄 알다/모르다 (p.193)

연습 1

2. 보낼 줄 알
3. 칠 줄 알
4. 담글 줄
5. 탈 줄은 알아요
6. 입을 줄 아

연습 2

2. 한국어를 할 줄 알아요, 할 줄 알지만
3. 한국 음식을 만들 줄 알아요, 만들 줄 알지만
4. 바이올린을 켤 줄 알아요, 켤 줄 알지만

64 -(으)ㄹ까요 (p.195)

연습 1

실까요, 공부할까요, 먹을까요, 앉을까요, 만들까
요, 팔까요, 걸을까요, 도울까요

연습 2

1. 영화 보러 갈까요

2. 탈까요
3. 먹을까요
4. 열까요
5. 걸을까요

65 -(으)러 가다/오다 (p.197)

연습 1

2. 한국 친구를 만나러 한국에 왔습니다
3. 한국 회사에 취직하러 한국에 왔습니다
4. 영어를 가르치러 한국에 왔습니다
5. 사진을 찍으러 한국에 왔습니다
6. 살러 왔습니다

연습 2

1. 책(을) 사러
2. 밥(을) 먹으러
3. 돈(을) 찾으러
4. 소포(를) 부치러
5. 전화(를) 받으러

66 -(으)려고 (p.199)

연습 1

2. 김치를 만들려고
3. 차를 사려고
4. 읽으려고
5. 약속을 잊지 않으려고
6. 청바지를 사려고

연습 2

1. 가려고
2. 다니려고
3. 가려고
4. 놀러, 놀려고
5. 선물하려고

67 -(으)려고 하다 (p.201)

연습 1

2. 수업 후에 음악을 들으려고 해요
3. 오늘 저녁에 스파게티를 먹으려고 해요
4. 동생 생일에 케이크를 만들려고 해요
5. 겨울방학에 하와이에 가려고 해요

연습 2

1. 마시려고 했어요
2. 만들려고 했어요
3. 사려고 해요
4. 치려고 했어요
5. 쉬려고 해요

68 -(으)려면 (p.203)

연습 1

2. 구경하려면
3. 걸으려면
4. 먹으려면
5. 빼려면

연습 2

1. 사려면
2. 배우려면
3. 빌리려면
4. 보려면, 보려면, 보면
5. 묶으려면, 묶으면

69 (으)로 (p.205)

연습 1

1. 로
2. 로
3. 으로
4. 로
5. 로
6. 로
7. 으로, 로
8. 로
9. 로
10. 로, 로

70 (으)로 해서 (p.207)

연습 1

2. 으로 해서
3. 로 해서
4. 로 해서, 로 해서
5. 으로 해서, 으로 해서

71 -(으)ㅁ (p.210)

연습 1

2. 내일 신입생 환영회가 취소되었음
3. 6월 28일에 기말시험이 있음
4. 체육대회가 5월 20일로 연기되었음
5. 내일 제주도에 못 감
6. 어머니께 전화가 왔었음

연습 2

1. 취소되었음
2. 전화 왔었음, 있음, 한국갈비 2층임

72 -(으)면 (p.213)

연습 1

2. 추우면
3. 가면
4. 들으면
5. 없으면
6. 더우면
7. 졸업하면

연습 2

2. 남자 친구가 생기면 발렌타인데이에 초콜릿을
   줄 거예요
3. 장학금을 받으면 부모님께 선물을 사 드릴
   거예요
4. 길에서 원빈을 만나면 같이 사진을 찍을 거예요
5. 열심히 공부하면 시험에 합격할 거예요

73 -(으)면 안 되다 (p.215)

연습 1

1. 주차하면 안 됩니다
2. 데려오면 안 됩니다
3. 키우면 안 됩니다
4. 받으면 안 됩니다

연습 2

1. 들어가면 안 됩니다
2. 음식을 먹으면 안 됩니다
3. 피우면 안 돼요
4. 안 하면 안 돼요

74 -(으)면서 (p.217)

연습 1

2. 걸으면서
3. 운전하면서
4. 샌드위치를 먹으면서
5. 음악을 들으면서
6. 마시면서
7. 먹으면서
8. 씹으면서
9. 일하면서
10. 배우면서

75 -(으)ㅂ시다 (p.219)

연습 1

1. 시킬까요, 먹읍시다
2. 갈까요, 갑시다
3. 수영할까요, 갑시다
4. 들을까요, 들읍시다
5. 만들까요, 준비할까요, 만듭시다

연습 2

1. 오늘 저녁에 삼겹살을 먹읍시다
2. 창문을 닫읍시다
3. 내일 3시에 만납시다

76 -(으)시, 께서 (주어 높임) (p.222)

연습 1

2. 읽으십니다
3. 께
4. 께, 드렸습니다
5. 연세, 되셨습니다
6. 주무십니다
7. 댁
8. 께서는, 진지, 드십니다
9. 말씀하십니다
10. 께서, 주셨습니다

연습 2

2. 드렸습니까, 드렸습니다
3. 계십니다
4. 있으십니다

연습 3

생신, 오셨습니다, 께서 만드셨습니다, 받으셨습니다, 께, 드렸습니다, 기뻐하셨습니다

77 -(으)십시오, (으)세요 (p.226)

연습 1

쉬십시오/쉬세요, 보십시오/보세요, 앉으십시오/앉으세요, 만드십시오/만드세요, 여십시오/여세요, 파십시오/파세요, 걸으십시오/걸으세요, 도우십시오/도우세요

연습 2

1. 펴세요, 읽으세요
2. 가세요
3. 들으세요

연습 3

1. 지각하지 마세요, 먹지 마세요, 떠들지 마세요
2. 마시지 마세요, 샤워하지 마세요, 담배를 피우지 마세요
3. 들어오지 마세요, 마시지 마세요

78 은/는 (주제) (p.231)

연습 1

2. 은
3. 는
4. 은
5. 는
6. 은
7. 는

연습 2

1. 은
2. 가
3. 는
4. 가
5. 는
6. 이, 이

79 은/는 (대조), 도, 만 (p.234)

연습 1

1. 는

2. 만
3. 는
4. 도

연습 2
1. 도, 도
2. 만
3. 는, 는
4. 만, 만, 도, 도
5. 도, 은

80 을/를 (p.237)

연습 1
2. 를
3. 를
4. 를
5. 을
6. 를
7. 를
8. 를

연습 2
1. 을
2. 이
3. 를
4. 이, 을
5. 가
6. 이, 을
7. 를

81 을/를 위해, -기 위해 (p.239)

연습 1
2. 왕명 씨를 위해
3. 남자 친구를 위해
4. 한자를 못 읽는 사람들을 위해
5. 건강을 위해

연습 2
1. 집을 사기 위해 저금하고 있습니다
2. 살을 빼기 위해 매일 운동하고 있습니다
4. 한국어를 잘하기 위해 한국 텔레비전을 보고 있습니다

5. 의사가 되기 위해 의과대학에 다니고 있습니다

82 의 (p.241)

연습 1
2. 의
3. 의
4. 의
5. 의

연습 2
2. 내/나의
3. 내/나의
4. 네/너의
5. 제/저의

83 이·그·저, 이것·그것·저것 (p.243)

연습 1
1. 저, 저
2. 그, 이
3. 그
4. 이, 그
5. 그, 그

연습 2
1. 이걸
2. 이게
3. 그건
4. 저걸

84 이/가 (p.245)

연습 1
2. 이
3. 가
4. 이
5. 가
6. 가
7. 가
8. 이
9. 가

85 (이)나, -거나 (p.247)

연습 1

2. 잡지나 신문
3. 술이나 담배
4. 선물이나 상품권
5. 가방이나 구두

연습 2

2. 파리나 뉴욕에 가고 싶어요
3. 도서관에 가거나 친구를 만나요
4. 쉬거나 청소해요

86 이다, 이/가 아니다 (p.249)

연습 1

2. 입니다
3. 이 아닙니다, 입니다
4. 입니다

연습 2

2. 가 아니에요, 이에요
3. 예요, 가 아니에요, 이에요
4. 가 아니에요, 예요

87 '일, 이, 삼', '하나, 둘, 셋' (수) (p.252)

연습 1

2. 천사백팔
3. 만 사천
4. 구만칠백일
5. 팔십칠만 사천삼십
6. 육백칠십만 오백
7. 오십일만 백삼
8. 삼십만 이십
9. 삼천백사십만
10. 팔천육백십사만 이천삼백

연습 2

2. 이십만 오천
3. 백오십구만구천
4. 이백이십만, 백구십팔만
5. 삼천이백십팔만
6. 3억 오천만

88 -자마자 (p.255)

연습 1

2. 끝나자마자
3. 따자마자
4. 들어오자마자
5. 가자마자
6. 뜨자마자
7. 개봉하자마자
8. 열자마자
9. 가자마자
10. 나가시자마자

연습 2

1. 끝나자마자, 끝나자
2. 가자마자
3. 방학하자마자
4. 들어가자마자, 들어가자
5. 시작하자마자, 시작하자

89 중에서 가장/제일, 에서 가장/제일 (p.257)

연습 1

1. 에서
2. 중에서
3. 에서
4. 중에서
5. 에서
6. 중에서
7. 에서
8. 중에서
9. 중에서
10. 중에서

연습 2

2. 중에서, 중에서, 제일/가장
3. 보다 더
4. 보다, 더
5. 중에서, 제일/가장
6. 중에서, 제일/가장, 보다

90 -지만 (p.259)

연습 1

2. 맛있지만

3. 잘생겼지만
4. 깨끗하지만
5. 공부하지만
6. 먹었지만

연습 2

2. 그 식당은 분위기가 좋지만 음식이 맛이 없어요
3. 마이클은 바쁘지만 제 숙제를 도와줬어요
4. 저는 술을 마실 수 있지만 오늘은 술을 안 마시고
   싶어요

91 -지요 (p.261)

연습 1

2. 며칠이지요
3. 먹었지요
4. 만나기로 했지요

연습 2

2. 요즘 날씨가 춥지요
3. 눈이 정말 많이 왔지요

92 항상, 자주, 가끔 (p.263)

연습 1

1. 거의
2. 가끔
3. 자주
4. 가끔
5. 항상
6. 거의
7. 전혀
8. 자주

93 ㄷ불규칙 (p.265)

연습 1

걸어요, 걸으니까, 걸으세요, 듣습니다, 들으니
까, 들으세요, 묻습니다, 물어요, 물으세요, 닫습
니다, 닫아요, 닫으니까, 받습니다, 받아요, 받으
세요

연습 2

2. 걸었습니다

3. 듣습니다
4. 닫아요
5. 들으면
6. 받았어요

94 ㄹ탈락 (p.267)

연습 1

길어요, 기니까, 길면, 멉니다, 멀어요, 멀면, 만듭
니다, 만드니까, 만들면, 붑니다, 불어요, 부니까,
삽니다, 살아요, 살면, 압니다, 아니까, 알면, 울어
요, 우니까, 울면, 듭니다, 들어요, 드니까, 들면

연습 2

2. 만든
3. 사세요
4. 깁니다
5. 부니까
6. 안 지

95 ㄹ불규칙 (p.269)

연습 1

몰라요, 모르니까, 몰라서, 자릅니다, 잘라요, 잘
라서, 부릅니다, 부르니까, 불러서, 고릅니다, 골
라요, 고르니까, 골라서, 다릅니다, 달라요, 다르
니까, 빠릅니다, 빨라요, 빠르니까, 빨라서

연습 2

2. 달라요
3. 자릅니다
4. 불러서

96 ㅂ불규칙 (p.271)

연습 1

추워요, 추우니까, 추웠어요, 맵습니다, 매우니
까, 매웠어요, 덥습니다, 더워요, 더우니까, 더웠
어요, 줍습니다, 주워요, 주우니까, 주웠어요, 가
깝습니다, 가까워요, 가까웠어요, 반갑습니다, 반
가워요, 반가우니까, 돕습니다, 도와요, 도왔어
요, 입습니다, 입으니까, 입었어요, 좁아요, 좁으
니까, 좁았어요

연습 2
2. 더우니까
3. 맵습니다
4. 쉬웠어요
5. 입어요
6. 가까우니까

97 ㅅ불규칙 (p.273)

연습 1

짓습니다, 지은, 지으니까, 붓습니다, 부어요, 부으니까, 낫습니다, 나아요, 나은, 씻습니다, 씻어요, 씻은, 씻으니까

연습 2

2. 나으면
3. 짓고 싶어요

98 으탈락 (p.275)

연습 1

써요, 쓰면, 끕니다, 꺼요, 끄면, 큽니다, 커요, 예쁩니다, 예쁘면, 바쁩니다, 바빠요, 바쁘면

연습 2

2. 큽니다
3. 썼습니다
4. 껐어요

99 ㅎ불규칙 (p.277)

연습 1

하얗습니다, 하얘요, 하얀, 까맣습니다, 까마니까, 까만, 빨갛습니다, 빨개요, 빨가니까, 노래요, 노라니까, 노란, 파랗습니다, 파래요, 파라니까, 파란

연습 2

2. 하얀
3. 빨개요
4. 까만
5. 하얘요

100 불규칙 연습 (p.278)

2. 빨라요
3. 커요
4. 파란
5. 멉니까
6. 들으면서
7. 불러요
8. 썼어요
9. 만들 줄 알아요
10. 도와주세요
11. 물어 보세요
12. 빠른
13. 아파요
14. 기니까
15. 매운
16. 닫아 주세요
17. 잘라 주세요
18. 고파서
19. 사세요
20. 붑니다
21. 좁아요
22. 예뻐서
23. 울면
24. 받았어요
25. 반가웠어요
26. 걸어서
27. 가까워요
28. 몰라요
29. 사세요
30. 웁니다

권성미

- Boston University, Dept. of TESOL, 교육학석사
- 이화여대 한국학과 석사
- 이화여대 국어국문학과 문학 박사
- 이화여대 언어교육원 한국어 강사 역임
- 이화여대, 경희대, 숭실대, 세종대, 세명대 국문과 강사 역임
- 현, 서울시립대 국제교육원 객원교수

주요 논저

- 『Essential Korean for Everyday Use』(공저), 2007, Hollym
- 『한국어 발음 습득 연구』, 2009, 박이정
- 『Essential Korean for Business』(공저), 2011, Hollym
- 「초급 단계 한국어 수업의 매개 언어 선택에 대한 연구」
- 「한국어 초·중급 교재에 나타난 간접화행 실현 양상 분석」
- 「연결어미의 종결어미적 쓰임에 나타나는 억양의 중간언어 연구」 외 다수

초판 1쇄 발행 2011년 5월 27일 | 초판 2쇄 발행 2019년 6월 10일
지은이 권성미 | 펴낸이 박찬익 | 책임편집 김민영 | 삽화 양수팅(Yang Xueting)·권성미
펴낸곳 도서출판 **박이정** | 주소 서울시 동대문구 용두동 129-162
전화 02) 922-1192~3 | 팩스 02) 928-4683
홈페이지 www.pjbook.com | 이메일 pijbook@naver.com
등록 1991년 3월 12일 제1-1182호 |
ISBN 978-89-6292-164-9 (13710)

* 책값은 뒤표지에 있습니다.